영어,
10살에
시작해도
될까요?

아이가 즐거워하는 영어 습관 만들기

영어, 10살에 시작해도 될까요?

초판 1쇄 인쇄 2020년 9월 28일
초판 1쇄 발행 2020년 10월 5일

지은이 백예인

책임편집 지민경
디자인 Aleph design

펴낸이 최현준·김소영
펴낸곳 빌리버튼
출판등록 제 2016-000166호
주소 서울시 마포구 월드컵로 10길 28, 202호
전화 02-338-9271 | **팩스** 02-338-9272
메일 contents@billybutton.co.kr

ISBN 979-11-88545-93-3 13740
ⓒ 백예인, 2020, Printed in Korea

이 도서의 국립중앙도서관 출판예정도서목록(CIP)은 서지정보유통지원시스템 홈페이지(http://seoji.nl.go.kr)와
국가자료공동목록시스템(http://www.nl.go.kr/kolisnet)에서 이용하실 수 있습니다.(CIP제어번호:CIP2020036484)

아이가 즐거워하는 영어 습관 만들기

영어, 10살에 시작해도 될까요?

백예인 지음

빌리버튼 billybutton

이 책은 기본에 충실한 책이다. 아이의 발달 속도를 고려하고, 책이 가진 이야기의 힘을 믿는다. 단순한 사실을 백과사전식으로 늘어놓은 책이 아닌 이야기가 살아있는 책은 아이들을 끌어당기는 힘이 있다. 저자는 한글 책으로 이야기의 힘을 맛본 아이들을 이제 영어 책 이야기로 초대한다. 그리고 그 이야기들 중 어떤 책으로 어떻게 시작해야 하는지 차근차근 안내한다. 아이 수준에 맞는 좋은 책을 고르는 법, 즐겁게 영어를 배울 수 있는 사이트 등 귀중한 정보가 가득하다. 저자는 이 책에 아이와 함께 영어를 배우면서 한 걸음 한 걸음 성장하는 과정을 관찰하고 기록했다. 부모의 욕망과 불안을 투사하지 않는 영어 공부법이 이 책에 있다. 늦지 않았으니 저자의 안내에 따라 차근차근 시작해보자.

— 정은진, 진로와소명연구소 소장 및 《우리 아이 기초공사》 저자

행복하고 자존감 높은 아이로 키우기 위해 자녀교육서를 적지 않게 읽고, 전문가 강연도 찾아 들었다. 똑똑한 아이로 키우고 싶은 욕심도 없지 않았기에 영재 교육, 독서 지도 등을 다룬 책도 종종 읽었다. 웬만한 엄마표 영어 책은 모두 훑어봤고, 영어 지도법을 배우기 위해 관련 프로그램도 몇 차례 들었다. 그러나 9살이 될 때까지 나는 아이에게 '영어 공부'를 시키지 않았다. '빠를수록 좋은 것이 아니라 적기에 즐겁게 하는 것이 효과적'이라는 전문가들의 말을 믿었기 때문이다. 듣고, 보고, 배우고, 느낀 바가 있으니 소신을 지키는 일이 그리 어렵지 않았지만, 막상 아이가 10살이 되니 마음이 조급해졌다. '원어민처럼 유창하게' 영어로 말하고, '두꺼운 원서'도 거침없이 읽는 다른 아이들의 모습을 보고 있자면, 불안과 걱정이 올라왔다. 그러던 참에 이 책을 만나게 되었다. 이 책은 아이의 영어 교육을 언제 어떻게 어떤 태도로 하면 좋을지에 대해 속 시원한 해답을 제시해준다.

저자가 자녀에게 직접 영어를 가르친 경험담에 더해 과학적이고 논리적인 근거를 충분히 제시한다. 영어 학습에 효과적인 채널, 도구, 교재 정보도 딱 필요한 만큼 제시해준다. 믿고 의지할 수 있는 '엄마표 영어' 길잡이 책을 이제라도 만나게 되어 정말 기쁘고 반갑다.

— 우정숙, 《내 아이를 위한 500권 육아 공부》 저자

아이를 키우는 내내 영어 조기 교육으로 고민을 많이 했다. 어린 시절 만큼은 마음껏 놀게 해주자 마음을 먹었음에도, 영어 리스닝만큼은 어려서부터 해줘야 하는 것 아닌가 하는 불안감으로 초조해졌다. 아이가 아직 어릴 때 이 책을 만나 다행이다. 영어 조기 교육부터 아이 발달에 따른 학습에 관한 고민까지 상세하게 알려준다. 이 책은 내게 뚝심 있게 아이를 키울 수 있는 논리적 정서적 힘을 준다. 주변 가까운 이들에게만 알려주고 싶었던 저자의 영어 교육법을 많은 이들과 함께 나눌 수 있게 되어 다행이다. 이 책은 꼭 옆집 엄마랑 같이 볼 것을 권한다.

— 상지, 브런치 작가

내 아이가 '영어 천재'면 좋겠다, 엄마들의 솔직한 속마음일 것이다. 나무만 보느라 숲을 보지 못하는 엄마들은 아이들을 방대한 영어 교육 시장으로 내몰고 있다. 영어 교육 전문가인 저자는 균형 잡힌 연구와 경험을 통해 엄마들의 시야를 넓혀주고 길게 호흡하는 법을 알려준다. 현명한 엄마들이여, 아이의 성향을 배려하지 않은 성급한 따라하기식 영어 교육은 내려놓고, 이제 이 책을 펼쳐보자. 이 책은 누군가는 환호하고 누군가는 불편해할 찐 엄마표 영어 길라잡이다.

— 이남경, 브런치 작가

10살, 8살 아이에게 영어 그림책을 읽어주는데, 10살인 첫째 아이는 제법 문장 읽기를 많이 시도한다. 초등학교 1학년인 둘째는 혼자 앉아 책 읽기를 즐긴다. 책 읽는 습관은 어떤 학습보다 중요함을 느꼈다. 발음에 대한 부담감도 있지만, 아이들과 함께 책 읽는 시간은, 나와 아이들 모두에게 더없이 행복한 소중한 시간이다. 엄마와 아이가 함께 행복해야 오래오래 같이 할 수 있다는 말에 깊이 공감하며, 불안해하지 않고 천천히 가려고 한다.

— 김정아, 독자

올해 초등학교에 입학한 딸. 특별한 선행 학습이 없었던 아이는 좌충우돌하며 스스로 조금씩 낯선 과목에 적응을 잘해주었다. 다만 아이의 영어 공부가 걱정이 되었다. 영어를 어떻게 가르쳐야 할지 고민하던 중 이 책을 읽게 되었다. 이 책을 읽고 나는 '그래 맞아! 지금까지 한 것처럼 하면 되지!'라는 자신감을 얻었다. 아이가 준비될 때까지 적당한 때를 기다려주는 것. 그것이 아이가 자연스럽게 영어를 받아들이는 가장 효율적인 방법이라는 것에 확신을 준 책이다.

— 강지영, 독자

특별한 시기를 놓쳤다며
걱정하는 부모님들께

우연히 엄마표 영어로 유명한 블로그를 발견하고 글을 읽어보았다. 5년 간 두 아이 영어를 엄마표로 가르친 그분은 그동안의 고민의 결과와 노하우를 합쳐 가성비 대비 훌륭한 프로그램을 만들어 운영 중이었고, 참여 의사를 밝힌 수많은 댓글들은 얼마나 많은 사람들이 아이 영어 때문에 고민하고, 그들의 고민을 해결해줄 방법을 찾고 있는지를 보여주었다.

그 블로거는 첫째 아이가 6살 때 처음 엄마표 영어를 시도했다가 너무 힘들어서 고민 끝에 미술 놀이를 엄마표 영어에 결합했고, 둘째는 3살 때부터 했는데 쉽게 받아들여서 결론적으로는 유아를 대상으로 미술 놀이를 결합한 원서 읽기를 사람들에게 권하고 있었다.

그분이 그동안 애쓰고 고민한 것이 정말 대단해 보였고, 5년간 성실하게 엄마표 영어를 진행해온 것에 다시 한번 놀랐다. 수많은 책과 관련 자료들을 정리하며 꼼꼼하게 포스팅하고 사람들과 함께 여러 활동들을 하는 것에서도 배울 점이 많다고 느꼈다.

글을 읽으면서 나에게 질문을 하나 던져보았다. 이분을 만나면 무슨 이야기를 할까? 나는 수월하게 아이와 엄마표 영어를 시작했는데 그 이유를 어떻게 설명할까? 내가 영어를 전공하고 영어 교육을 그동안 해왔기 때문인가? 아니면 아이가 엄마 말을 잘 듣는 순종적인 아이라 그런가? 아이가 책을 좋아하기 때문인가?

여러 생각 끝에 "아이가 책을 좋아하도록 자연스럽게 환경과 습관을 만들었고, 10살에 영어 그림책을 읽기 시작한 것"이 핵심이라는 결론을 내렸다. 내가 영어를 전공하고 잘하는 축에 속하지만, 아이에게 영어를 노출시킬 때는 영어를 유창하게 구사하지 못하는 엄마들과 다를 바 없는 방식으로 진행했기 때문이고, 아이가 순종적이지 않거나 애착이 부족한 경우에도 이야기의 재미에 빠져본 아이들이 영어 그림책에도 빠져드는 것을 주변 사람들을 통해 경험했기 때문이다. 10살에 시작했기 때문에 집중력과 이해력이 충분히 있었고 영어가 교과로 들어가는 시기여서 동기 부여도 어렵지 않았다. 그러니 아이의 관심을 끌기 위해 미술을 비롯한 독후 활동이 필요도 없었다. 재미있는 책만 있으면 아이랑 실랑이할 필요도 없었고, 자료를 찾거나 다른 활동을 하지 않아도 되기 때문에 내가 지치지 않아서 더 많이 함께 책을 읽을 수 있었다.

4~7살에 엄마표 영어를 시도하는 건 쉽지 않다. 이미 한국어로 자신이 의사 표현을 하고 알아듣는 것이 많아지는 시기인데 어느 순간 자신의 말을 빼앗긴다고 생각해보라. 아무도 그런 상황을 좋아하지 않을 것이다. 그래서 영어 거부가 그 시기에 가장 심하고, 그러다 보니 더 어릴 때 영어 노출을 시켜야 한다고들 한다. 그러나 영어가 온전히 외국어로 존재하는 우리나라와 같은 EFL^{Enlgish as a Foreign Language}(영어가 외국어로 사용되는 환경. 영어를 학교나 학원 등에서 제한된 시간에만 접하기에 제2언어로서 영어가 사용되는 환경인 ESL과 다름) 환경에서 4세 이전에 영어를 노출하는 것은 별 효과도 없고 잘못하면 언어발달에 장애가 생길 수도 있다. 초등학교에 들어간 이후에 영어 노출을 시키면 이미 아이의 모국어가 단단하게 자리를 잡은데다 이해력과 사고력이 충분해서 유아기에 영어를 가르치는 것보다 훨씬 빠르고 쉽게 영어를 학습하고 습득할 수 있다.

안타깝게도 많은 부모들이 이러한 사실을 모르고 태교 영어, 유아 영어를 내세우는 사교육 업체들에 휘둘려 어릴 때부터 힘들게 아이에게 영어를 가르치려 한다. 유아기를 지나친 부모들은 노심초사하며 이런 저런 정보를 찾아보고 시도를 해보다가 어려움에 부딪히고 자책하며 걱정한다.

결론부터 말하자면, 나는 초등학교 1학년 때까지 부모가 정말 마음 써서 해야 할 일은 아이에게 책 읽는 습관과 환경을 자연스럽게 만들어주는 것이라고 생각한다. 수능을 볼 때까지 아이에게 가장 중요한 건 집중력과 독해력이다. 집중력과 독해력은 책 읽기를 통해 길러진다. 한글책을 열심히 읽어서 사고하는 힘과 집중력, 독해력을 길러 놓으면 영어는 그다음에 원서 읽기를 통해 충분히 실력을 쌓을 수 있다. 지난 1년간 아이와 영어 그림책을 읽는 과정을 통해 그리고 수많은 엄마들과의 모임을 통해 이것이 틀리지 않다는 결론을 내렸다. 물론 아이마다 상황과 성향이 다르기 때문에 내가 썼던 방법들이 모든 아이에게 맞다고 할 수는 없다. 책을 읽고 그대로 해보겠다는 의지가 생겨 시도했는데 아이가 당장 안 따라올 수도 있다. 그분들에게는 나의 경험이 독자 본인의 아이에게 맞는 방법을 찾아가는 데 힌트가 되기를 바란다. 아이를 기다려주면서 잘 들여다보면 그 힌트를 바탕으로 조금씩 시도해볼 여지들이 생겨날 것이다. 앞으로 써 내려갈 글이 아이의 영어 때문에 고민하고 애쓰는, 특별히 시기를 놓쳤다고 자책하며 걱정하는 부모들에게 조금이나마 도움이 되면 좋겠다.

Chapter 1

엄마표 영어가 망설여진다면

Chapter 2

영어 공부의 골든타임은 10살

Chapter 3

엄마표 영어의 첫 걸음

Chapter 4

엄마표 영어 중간 체크

Chapter 5

엄마의 영어 공부

엄마표 영어가 망설여진다면

엄마인 나는
언제 영어에 눈을 떴나

초등학교 6학년 2학기 때 처음 영어를 배웠다. 중학교 가기 전 엄마가 걱정이 되셨는지 영어 과외를 시켰던 것이다. 그전까지는 영어에 대해 아는 것도, 경험한 것도 없었다. 엄마가 지인이 판매하는 20권 남짓하는 영어 그림책을 5학년 때인가 사주셨는데, 그마저도 대부분 펼쳐보지도 않았다. 사주기만 하고 닦달을 안해서 그런가, 유치하다고 생각해서 그랬나 잘 기억이 나진 않지만 어쨌든 영어에 크게 관심을 가지지 않았던 것 같다. 그때만 해도 해외여행이 자유롭지 않을 때라 주변엔 해외를 다녀온 사람도 없었고 한국을 떠나면 더 큰 세계가 있다는 것, 그리고 영어가 그 세계에서 공용어로 쓰인다는 인식 자체가 없었던 탓에 내 관심사에 영어가 없었던 건 당연했는지도 모른다. 중학교 가기 전 잠깐 받은 과외 덕분인지 몰라도 막상 중학교에서 처음 배운 영어가 딱히 어렵진 않았다. 교과서 정도는 읽고 해석했지만, 영어로 듣기나 말하기가 가능한 건 아니었다. 그냥 중학교 내신 시험을 위한 영어 그 이상도 이하도 아닌 수준이었다. 그랬던 내가 통역이 가능한 수준의 영어를 구사하게 된 건 몇 번의 계기가 있어서였다.

첫번째 계기: 입문

영어에 관심을 갖게 된 계기는 좀 민망하다. 중학교 3학년 즈음으로 기억한다. 다니던 교회에서 해마다 가족 찬양 대회를 했는데, 가족끼리 앞에 나가 노래를 한 곡씩 부르고 들어가는 행사였다. 초등학교 1학년 외동딸이 있는 한 가족이 나와서 아주 쉬운 노래를 불렀다. 그런데 1절이 끝나자 같은 노래를 영어로 부르는 게 아닌가. 그것도 보지 않고 외워서! 그 장면이 굉장한 충격으로 다가왔고, 그 자리에서 결심했다. '나도 영어로 찬양을 외워서 부르겠다. 저 노래보다 훨씬 어려운 걸로, 한 곡이 아니라 여러 곡을!!!'

그렇게 결심한 후 영어 찬양 테이프를 사서 매일 듣기 시작했다. 음악을 좋아해서 노래 듣는 걸 늘 즐겼지만, 그때까지 영어로 된 노래는 들어보지도 않았다. 어떤 노래는 며칠이고 몇 주고 듣다가 가사가 궁금하면 가사를 한 번씩 보기도 했고, 어떤 노래는 처음에 가사를 본 뒤에 가사를 떠올리며 들었다, 대신 질리게. 그래서 나도 모르게 단어들을 흥얼거리고 적을 수 있을 때까지 들었다. 지겨울 때까지 듣다가 어떤 단어나 표현이 기억나지 않거나 아예 모르는 부분이어서 궁금해지면 그때 다시 단어와 뜻을 찾아보았다. 영어 듣기 공부로 생각하고 하라고 했으면 못했을 건데, 그냥 노래 듣는 게 좋아서 영어로 노래를 듣는다고 생각하니 부담없이 할 수 있었던 것 같다. (결국 영어는 학습으로 접근하는 게 아니라 좋아하는 것으로 접근해야 하는 거다. 드라마나 영화 보는 걸 좋아하는 사람들은 미드나 영화를 보다가 소리와 표현에 노출되는 양이 많아지면서 말하기도 가능해질 가능성이 높다. 활동적인 것을 좋아하는 아이들은 뮤지컬 같은 걸 하다가 영어와 친해지기도 한다. 마찬가지로 책을 좋아하는 아이들은 영어로 책을 읽다가 잘하게 되는 경우가 많다.)

노래로 영어를 배우는 방법의 좋은 점은 자연스럽게 발음과 끊어 읽기를 배우게 된다는 것이다. 영어는 단어로 공부할 때보다 구^{phrase}로 배울 때 훨씬 수월하게 배울 수 있는데, 노래는 그걸 자연스럽게 가르쳐준다. 그리고 영어 찬양으로 영어에 노출된 나의 경우는 좀 특이한데, 영어 찬양에서 많이 쓰이는 표현들이 여러 노래에서 반복적으로 나오다 보니 자연스럽게 알아들으면서 학습한 것들이 꽤 많았다. 노래에서 나온 표현들이 설교에서 나오기도 해서 나중에 외국인 설교를 들을 때도 어렵지 않게 알아들을 수 있었다.

두번째 계기: 반강제 문법 상승

중학교 입학 전 몇 개월의 영어 과외 이후로는 학원이나 과외를 하지 않다가 중학교 3학년 때 잠깐 영수 보습 학원을 다닌 적이 있다. 그렇게 유명하지도 않은 학원이었던 것 같은데 영어 선생님이 당시로선 꽤 실력이 좋은 사람이었다. 발음도 좋고 잘 가르쳤는데, 그중에서 가장 기억나는 것은 직독직해를 가르쳐준 것이다. 직독직해라는 것을 그전에는 들어본 적도 없었는데, 이 선생님을 통해 문장 구조를 파악하는 것과 그것을 바탕으로 독해를 빠르게 하는 법을 배웠다. 선생님은 숙제로 매일 독해 문제집을 풀면서 모든 문장에 주어, 동사, 목적어, 보어, 접속사, 구와 절을 표시하도록 시켰다. 그때는 그 숙제가 엄청난 짐처럼 느껴졌는데, 지금 와서 보니 그 숙제들을 통해 문장 구조를 익혔고 그게 듣기와 말하기의 바탕이 되었다.

　사람들이 오해하는 게 회화를 위해선 문법이 필요 없다고 생각하지만 그건 정말 모르고 하는 말이다. 계속 강조하겠지만, 문법은 정말 중요하다. 내가 만난 모든 국내파 영어 고수들은 하나같이 문법을 강조했고 나도 그렇다. 문법은 집을 지을 때 터전을 다지는 것과 같다. 단단히 터전을 다져야 집도 흔들리지 않게 지을 수 있는 법이다. 문법을 공부하지 않고 회화를 하면 당장은 회화가 느는 것 같지만 금방 한계에 다다르고 올바른 회화를 못할 가능성도 다분하다. 어쨌든, 나의 독해 실력은 중3 때 다져졌다. 보습 학원도 몇 개월 다니다가 끊은 후에는 고등학교 올라가기 전 겨울방학 때 친구 언니에게 문법 과외를 한 번 받았고, 고등학교 때는 한 번씩 단과 학원의 문법 수업을 들은 게 영어 사교육의 전부다. 그래도 고등학교 때 영어는 언제나 상위 1%에 들었다.

세 번째 계기: 대학 입학 후 충격

'학교 영어 성적이 좋았으니 회화도 잘하겠지' 하는 마음으로 영어 회화 수업을 신청했는데 첫 수업에 들어간 나는 정말 당황했다. 싱가포르인처럼 보이는 동양인 선생님이 처음부터 끝까지 원어민 발음과 속도로 말을 하고 무언가를 하라고 시키는데 알아듣는 건 얼추 가능했지만 도무지 입을 뗄 수가 없는 거다. 그런데 그런 사람이 나밖에 없는 것 같았다. 선생님이 뭔가 시키면 다들 쏼라쏼라 말을 잘 했다. 나만 빼고 말이다. 영어 회화 집중 코스intensive course다 보니 1학년 왕

초보보다는 2학년 이상의 영문과 학생들이 많았던 것을 나중에야 알았다. 그걸 알 리가 없던 나는 세상에 이렇게 영어 잘하는 사람이 많고, 영어를 잘하는 줄만 알았던 나는 아무것도 아님을 깨닫고 충격을 받았다. 그후로 어떻게 지나갔는지 모르지만 한 학기를 마쳤다. 후에 여름 방학 때 해외로 자원봉사 활동을 갔는데 외국인 친구에게 "넌 언제 태어났니?"라는 말을 못 해서 부끄러웠다. 그때까지도 나는 회화가 쉽지 않았다.

네번째 계기: 회화 발전기

대학 2학년을 마치고 개인적인 이유로 스웨덴에 갔다가 처음 3개월간 ESL 프로그램(English as a Second Language Program, 비영어권 학생과 사람들에게 영어를 가르치는 프로그램)을 하게 되었다. 그 기간 동안 나는 고3이라고 생각하고 잠자는 시간을 뺀 나머지 시간을 미친 듯이 영어에 매달렸다. 하루에 8시간을 잔다고 생각하면 '16시간 × 90일 = 1,440시간'을 영어에 올인한 셈이다. 중고등학교 6년 일주일에 9시간을 영어 학습에 쓴다고 가정하면 2,808시간(9시간 × 52주 × 6년)이니, 3개월 만에 중고등학교 영어 학습 시간의 절반을 채운 것이다. 그것도 말하기와 듣기 위주로 말이다. 그러니 말하기와 듣기가 늘 수밖에.

스무 살이 넘어 회화 위주의 영어에 노출되었지만 3개월이라는 시간을 영어에만 집중한 결과, free talking과 한-영 통역이 가능한 수준에 이르렀다. 이게 의미하는 바는, 영어에는 적기라는 게 있고, 그 적기는 '충분히 동기 부여가 된 때'라는 것이다. 동기 부여된 성인이 5살 유아보다 훨씬 높은 성과를 내는 건 누가 봐도 상식이다. 그런데 이 상식을 우리는 "영어는 어릴 때부터 해야 한다"는 어디선가 들어본 말로 뭉개버린다. 영어에 관해 정작 자신이 몰입해서 성과를 이루어보지 못한 부모들은 그 말만 믿고 어릴 때부터 아이들을 소위 영어 유치원(영유라 하는), 유아 영어 학원 등의 사교육 기관에 보낸다.

도서관에서 영어 관련 책들 읽어보면 성인이 될 때까지 영어 한마디도 못하다가 어떤 사건이 계기가 되어 영어 공부에 몰입해서 놀라운 성과를 거둔 사람들의 이야기가 많이 나온다. 내 주변에도 북한에서 왔는데, 남한에 올 때까지 알파벳도 모르다가 1~2년 영어 공부해서 원어민과 어려움 없이 대화하고 영어권 국가로 유학간 친구도 몇몇 있다.

그래서 내 아이의 영어에 대해서도 시작 시기가 중요한 게 아니라 동기 부여가 훨씬 중요하다고 생각했다. 아이를 위해 아이의 관심사가 무엇인지, 어떤 것이 아이에게 동기를 부여해줄 수 있는지를 고민하는 것이 몇 살에 어떤 교육을 시킬 것인가보다 중요하다고 보는 것이다. 동기가 생기면 그 다음은 물 흐르듯 자연스럽고 수월해진다고 믿었기 때문이다. 이런 생각 덕분에 한 살이라도 더 어릴 때 영어를 시켜야 한다는 압박이 없었던 것 같다. 이 생각 외에도 내가 아이에게 영어를 초등학교 들어오고도 한참 뒤에야 노출시킨 이유는 여러 가지가 있다. 이제 그 나름의 이유들과 그것들을 바탕으로 시도한 방법들을 이야기해보려 한다.

우리 아이 영어,
언제 시작해야 할까

나는 초등학교 4학년, 우리 나이로 11살 딸을 키우고 있다. 우리 아이 역시 또래 아이처럼 레고로 무언가를 만드는 것을 좋아하고, 그림 그리는 것에 관심이 많다. 또래 아이랑 다른 점 하나가 있다면 바로 영어 노출 시기다. 요즘은 태교 영어부터 시작하여 6살이 되기도 전에 영어 유치원, 영어 학원 등 일찍부터 아이들에게 영어를 노출시키는 경우가 많다. 그래서인지 어디서든 초등학교 3학년이 될 때까지 '영어 교육을 안 시켰다'고 하면 대책 없는 엄마로 몰리기 십상이다. 충격과 놀람이 끝나고 나면 "여태까지 뭐 했어요?" "10살이면 많이 늦었다" "왜 영어를 가르치지 않았어요?" 등 질문이 꼬리에 꼬리를 물고 이어진다. 아이가 3학년이 될 무렵 참여했던 엄마표 영어 독서 관련 프로그램에서도 비슷한 이야기를 들었다.

사실 나는 테솔TESOL 자격증과 미국 인증 국제학교 교사 자격증을 가지고 있다. 지금은 영어 캠프 커리큘럼과 교재를 만들고 종종 통번역도 한다. 영어를 못해서, 영어 교육에 대해 전혀 몰라서 아이에게 영어를 안 가르친 게 아니라는 뜻이다.

앞서 이야기한 것처럼 나는 "Hi, I'm Jane."으로 시작하는 영어회화 책을 6학년 2학기에야 처음 봤다. 그전까지 영어에 노출된 적도 없고, 원어민 선생님은 대학에 가서야 처음 만났다. 그런 내가 소위 말하는 영어 귀가 트인 건 중학교 3학년 때였다. 당시 유행하는 팝송을 들으면서였다. 찬양 노래에서 시작해서 팝송으로 자연스럽게 옮겨 듣게 되면서 카세트 테이프가 늘어질 때까지 듣고 또 들은 덕분이다. 아이는 나보다 3년이나 빨리 시작하는데 뭐가 늦다는 거지?

내가 믿는 영어 공부 적정 시기

사교육으로 유명한 동네에 살다 보니, 영어 유치원에 다닌 아이들이나 초등학교에 들어가기 전 영어 학원을 다니는 아이들을 꽤 많이 보았다. 어린이집 다니는 것 외엔 어떤 사교육도 시키지 않고 어린이집 끝나면 두 시간씩 놀이터에서 노는 아이와 나는 참 유별난 존재였다.

영어 교육은 조기 교육보다는 적기 교육이 맞다고 믿는다. 내 기준으로 적기 교육은 초등학교 입학 이후에 이루어지는 교육이며, 초등학교 입학 전에 이루어지는 교육을 조기 교육이라고 본다. 아이의 모국어가 사회생활을 시작할 수 있을 만큼 발달했을 때 학교생활이 시작된다고 보고, 학교생활이 시작되는 시기를 적기라고 생각하는 것이다.

그러면 초등학교 1학년부터 적기니까 그때부터 시작해도 되겠다고 생각하는 분도 있을 것이다. 아이가 영어를 좋아하고 국어 능력도 충분하다면 1학년도 적기가 될 수 있겠다. 그래도 나는 영어를 시작하기 더 좋은 시기는 9~10살이라고 생각한다. 초등학교 3학년부터 교육 과정에 영어가 들어가 있기도 하고, 뇌과학 측면에서도 외국어 습득과 관련된 부분이 발달하는 시기가 만 9~11세이며 우리나라와 같은 EFL환경에서는 그 시기(만 9~11세)에 외국어를 공부하는 것이 효율적이라는 적지 않은 언어학자들의 연구 결과에 동의하기 때문이다. (그리고 1학년은 새로 시작한 초등학교 생활에 적응하느라 아이들이 여유가 없을 때기도 하다.)

이런 연구 결과들을 보면서 아이를 데리고 실험을 해보기로 했다. 무모하게도 '학교에서 영어 교육을 시작하기 전까지는 영어 교육은 하지 않겠다'는 결심을 한 것이다. 다들 한 살이라도 어릴 때 시켜야 한다고, 안 그러면 뒤처진다고 이야기하는 사람들 사이에서 꼭 그러지 않아도 된다고 설명하면 (전공자인 나에게) 오히려 "네가 몰라서 그러는 거야"라는 반응이 돌아왔다. 혹은 주변에 휩쓸려서 이러지도 못하고 저러지도 못하는 사람들은 "정말 그럴까?"라고 망설이면서도 의심의 눈초리를 거두지 못했다. 엄마표 영어를 좀 안다 싶은 엄마들은 더 고개를 내저으며 그건 자기가 할 수 없는 방법이라고 했다.

아직도 생생하게 기억 나는 게 있다. 어린이집 마치고 여느 날처럼 놀이터에서 딸이 다른 애들과 놀고 있는데, 아이를 돌보는 어느 할머니께서 자신은 영어에 대해 아는 게 없는데 아이 영어를 어떻게 봐줘야 하나는 상담을 하셨다. 그래서 내가 "어머님, 지금 애들 영어 시키는 거 별로 효과없어요. 초등학교 들어가서 시켜도 늦지 않아요. 초등학교 때도 학원 안가고 집에서 영어 만화 보고 영어책 읽으면서 잘하게 된 애들 많으니까 너무 걱정하지 마세요"라고 했다. 그런데 그 이야기를 듣던 다른 아이의 엄마가 바로 내 이야기를 자르며 말했다. "엄마표 영어, 난 그거 힘들어서 못해. 거기에 쏟는 기운이 만만치 않은데 그냥 난 학원 보내버릴 거야."

그날 놀이터에서 아이와 함께 집에 돌아오면서 결심했던 것 같다. 한 살이라도 어릴 때 사교육 아니면 영어가 안 된다고 굳게 믿는 엄마들에게, 그리고 엄마표 영어는 모든 기운을 쏟아 가르쳐야 한다는 부담감에 포기하는 엄마들에게, '국어 실력이 먼저 탄탄해야 영어도 잘할 수 있다, 국어 실력이 다져진 이후에 영어를 시작해도 결코 늦지 않으며 학원에 의존하지 않아도, 너무 힘들게 하지 않아도 아이가 충분히 영어를 잘할 수 있다'는 걸 증명해 보이겠다는 결심 말이다.

어린이집 영어 수업에 대해
고민하다

어쩌다 교육열 높은 동네에서 살게 된 나는, 아이를 어린이집에 보내기도 전부터 '내가 이곳에서 잘 지낼 수 있을까' 생각했다. 입학도 하기 전에 인사하게 된 같은 반 친구 아이 엄마가 "(공부는) 뭐 시키세요?"라고 묻는데 난감했다. 조기 교육의 필요성을 느끼지 못하는 사람이라 시키는 것도 없고 시킬 것도 없는데, 정보 교류가 중요한 이곳에서, 친구들을 학원에 가야 만날 수 있는 이곳에서 어떻게 지낼 것인가 하는 마음이 들었다.

요즘은 보통 어린이집에 특별 활동으로 영어 수업이 있다. 아이가 다니게 된 어린이집도 예외는 아니었다. 더 어릴 때 다니던 어린이집에서도 영어 수업이 있었으나 시간과 비용에 비해 장점을 못 느꼈기에 원장님께 영어 수업을 꼭 해야 하는지, 그리고 한다면 우리 아이가 반드시 들어야 하는지를 문의했다. 돌아오는 답은 '영어 수업을 안 할 수 없다, 이 동네 수준이 높아서 영어 수업에 파닉스를 해야 하나 고민할 정도다, 아이가 그 시간에 따로 책을 읽으면서 보낼 수는 있다, 다만 댁의 아이 빼고는 모든 아이들이 수업에 참여하는데 아이가 괜찮겠냐'는 것이었다. 선생님의 말을 듣고 나니, 영어 수업은 단순히 영어 공부에 관한 문제는 아니었다. 아이가 다른 친구들과 함께하는 활동의 일부였기에 내 생각만으로 수업을 빠지게 할 수는 없었다. 그날 아이와 이야기를 나누고, 친구들이 하니까 자기도 하겠다는 아이의 말에 (내키지 않았지만) 영어 수업을 하는 것으로 결정했다.

몇 개월이 지나 아이에게 영어 수업이 재미있는지 물었다. 6살인 아이는 '무슨 말인지도 잘 모르겠고, 선생님이 너무 빨리 수업을 진행해서 그냥 애들 하는 거 따라서 한다, 다른 애들은 잘한다'는 식으로 대답을 했다. 별 생각없이 물었는데, 아이가 무슨 소리인지 모르겠다고 하며 살짝 울먹이는 순간 아차 싶었다. 아는 영어라곤 전에 다니던 어린이집에서 배운 애플, 타이거, 핑크 정도인 아이는 수업 때마다 스트레스를 받았던 것 같다.

'엄마가 영어 선생인데 애를 너무 방치했나', '너무 무관심했구나'

하는 마음에 미안했다. 그제서야 아이의 교재를 들춰봤다. 딱 봐도 영어 유치원을 다니거나 열심히 영어를 배운 아이들이 아닌 이상 6살 아이가 하기엔 문장도 길고 글밥도 많았다(우리나라 4~5살이 책을 읽는다고 생각해보면 -그 나이에 책 읽는 애들이 얼마나 있을까 싶지만- 아이들이 읽는 책은 문장이라기보다는 몇 개 단어의 나열에 가까운데, 문장이라니. 그것도 몇 줄씩!).

그런 아이가 안쓰러워 '하기 싫으면 하지 말라'고 했지만, 친구들이랑 놀고 싶은 아이는 계속 영어 수업에 들어갔고 그렇게 일 년이 지났다. '그냥 애들이랑 뭔가 같이 하는 것에 의의를 두자'고 생각하며 '좌절감을 느껴보는 것도 배우는 과정이다'라고 나름 합리화를 하며 다음 해를 맞았다. 7살에도 같은 영어 수업은 이어졌다. 나는 그저 아이가 영어에 조금이라도 재미만 느낄 수 있었으면 좋겠다는 생각을 했다.

7살 3월이 시작되면서 1년 영어 수업 계획안이 왔다. 아이들이 배울 표현과 단어들이 간단히 적혀 있었다. 아이가 아무것도 모른 채 수업을 들으며 힘들어했던 생각이 나서 한 주가 시작될 즈음 그 표현들을 읽어주고 간단하게 뜻만 설명해줬다. "pretty는 예쁘다, tall은 키가 크다는 뜻이야…" 그래봐야 한 5분? 그게 전부였다. 그러고 나서 2~3주가 지났다. 어린이집 하원길에 아이와 같은 반인 엄마들을 만났는데, 한 엄마가 날 보자마자 "OO이 뭐든 다 잘한다면서요? 영어 시간에도 선생님이 질문하는 것에 곧잘 대답을 한다고 우리 딸이 그러더라고요. 뭐 시켜요? 혹시 집에서 영어만 쓰는 거 아니에요?"라 며 놀라워했다. 그렇게 우리 아이는 한순간에 영어 잘하는 아이가 되었다.

그 사건을 겪으며 왜 엄마들이 선행 학습을 시키는지 알 것 같았다. 선행이라고 하기엔 보잘것없는 5~10분의 설명이었지만 선행은 선행이고, 우리 아이도 선행 학습의 효과를 톡톡히 본 거니까. (그렇지만 선행이라는 게 장기적으로 아이들한테 정말 효과가 있다고 생각하진 않는다.) 아이의 5분 선행 학습은 세 번인가 하고 더 하진 않았다. 내가 잊어버리기도 했고, 아이도 요청하지 않아서 그랬던 것 같다. (우리 아이는 먼저 말하는 편이 아니어서 그 이후로 영어가 어려웠어도 어렵다고 나한테 이야기하지 않았을지도 모른다.) 그래도 별다른 일 없이 지나갔고 어린이집도 잘 졸업했다. 얼마 전 IPTV에서 우리 아이가 다니던 어린이집에서 썼던 영어 교재를 가지고 노래와 파닉스를 만든 프로그램을 발견했다. 아이에게 한 번 보여줬는데, 초등학교 3학년인 아이는 이제야 교재를 이해하며 즐겁게 보았다. 어린이집에서 영어 가르치느라 애썼을 선생님과 집중하려고 몸부림쳤을 아이들이 안쓰럽게 느껴졌다. 10살에 하면 양쪽 다 편할 텐데 싶어서.

0~7세 엄마표 영어를
하지 않은 이유

아이를 임신했을 때 외대에서 테솔을 수료하고 자격증을 취득했다. 똑똑한 아이를 낳기 위해 공부로 태교를 대신하려고 했던 건 아니고, 직장 다니기 전에 테솔을 할까 하다가 취직이 되면서 미뤘던 것을 직장을 그만두면서 하게 된 것인데, 때마침 임신을 했다. 테솔에서 언어 습득 과정에 대해 공부하면서 아이들이 언어를 배우는 과정의 신비함을 느꼈고 ESL^{English as a Second Language}(필리핀, 홍콩처럼 영어가 제2언어(공용어)로서 사용되는 환경. 일상에서 영어를 접하고 사용할 기회가 많다) 환경, EFL^{English as a Foreign Language}(한국, 일본처럼 영어가 외국어로서 사용되는 환경. 일상에서 영어를 접하고 사용하기 어렵다) 환경의 여러 사례들을 보면서 아이를 이중 언어로 키우는 시도를 해볼까 하는 생각도 살짝 했다. 그러나 영어를 쓰는 국가가 아닌 우리나라에서 아이에게 영어로 말을 한다는 것이 나에겐 너무 부자연스럽게 느껴졌다. 영어가 뭐라고 모국어를 쓸 권리를 포기하면서까지 아이에게 영어로 말을 해야 한단 말인가 싶었다. 게다가 아이에게 영어로 말을 걸어주며 키우려면 당연히 사람들의 시선을 받을 거고, 사람들의 시선을 많이 의식하는 편인 나는 그런 스트레스를 받고 싶진 않았다. 결국 이중 언어로 키우려는 시도는 아이가 태어나면서부터 머리에서 지웠다. 그리고 산후 우울증부터 시작해서 아이가 세 돌이 될 때까지 꽤 심한 우울증을 앓으면서 아이 교육 따위를 생각할 여력이 없었다. 내 생존이 위협받고 있는데 아이 영어가 다 무엇이란 말이냐 싶은 때였다.

조기 교육을 고민해보다

우울증에서 벗어나면서 아이 교육에 대해 생각할 여유가 생겼을 때 조기 영어 교육에 대해 생각을 안 해본 것은 아니다. 이중 언어 환경 조성을 시도해볼 것인가, 아니면 초등학교 들어가기 전에 영어 노출을 해볼 것인가 이런 저런 생각을 해봤다. 문제는 아이가 4~5살 무렵이어서 이미 모국어가 자리잡기 시작한 것이었다. '모국어가 편한데

군이 영어를 쓰려고 할까' 하는 지점이 항상 걸렸다.

결정적으로 적기 교육으로 마음을 정하게 된 계기 중 하나는 〈사교육걱정없는세상〉의 영어 교육 기획 기사를 신문에서 보면서다. '아깝다, 영어 헛고생!'이라는 제목으로 10회 정도 연재한 기사에는 사교육업체에서 일했던 강사가 이야기해주는 학원 현실, 영어과 교수들이 말하는 적기 교육 등에 관한 글들이 실렸다. 유아기에 영어 교육을 시작한 아이나 초등 저학년 이후에 영어 교육을 시작한 아이나 초등 고학년에서 수준이 같아진다는 사실, '결정적 시기' 가설은 가설에 불과하며 우리나라 같은 EFL 환경에서는 소용이 없다는 것, 그래서 우리나라에선 조기 교육보다는 적기 교육이 더 효율적이라는 주장 등이 설득력 있게 다가왔다. (테솔에서 결정적 시기 가설을 배웠지만 저 이야기는 못 들어본 게 함정!)

이후 국제학교의 커리큘럼을 바탕으로 운영하는 홈스쿨링 센터에서 외국에 나간 적 없이 초등학교 입학 이후 영어를 공부하기 시작했지만 유창하게 영어를 구사하는 아이들을 만나면서 적기 교육이 효과를 발휘하는 것을 경험하게 되었다. 이 아이들 중 일부는 잠수네 영어와 같은 엄마표 영어로 영어를 시작한 아이들이었다.

게다가 그 무렵 지인들에게서 유아 영어 학원에서 강사로 일하면서 겪은 이야기들 –시간과 들이는 노력에 비해 효과는 더디고 아이들이 스트레스 받는– 을 전해들으며 아이에게 적기 교육을 시켜야겠다는 생각을 할 수밖에 없었다. 나 역시 어릴 때 영어를 접하지 못한 국내파지만 동기 부여만 되면 성인이 되어서 공부를 해도 외국에서 사는 데 별 불편함 없을 정도의 수준까지 도달 가능하다는 것을 경험 했기에 동기 부여만 잘 되면 적기 교육이 훨씬 효과적이라는 생각을 늘 했던 것도 결정을 하는 데 큰 역할을 했다. 이후 EFL 환경에서의 언어 습득에 대한 논문과 사례들을 찾아보며 적기 교육에 대한 자신 감을 얻게 되었다.

적기 교육의 어려움

적기 교육을 주장하며 그걸 실천하는 게 쉬운 건 아니었다. 하필 유치 원을 다닐 시기에 교육열 높은 지역으로 자의와 별 상관없이 이사를 갔고 눈만 돌리면 온갖 학원 간판이 빽빽한 건물들이 있는, 영유라 불 리는 유아 영어 학원도 많은 동네에서 5년을 살았다. 아이가 다니는 어린이집 엄마들의 교육열이 높았기 때문에 엄마들이 모이면 자연스 럽게 온갖 사교육 이야기가 오갔고, 어린이집에서도 그 엄마들의 요 구에 부합해야 하는 어쩔 수 없는 상황에 따라 특별 활동이라는 이름 으로 국어, 수학, 영어 학습을 시켰다. 이런 분위기에서 영어 적기 교 육을 말하고 사교육을 안 시키겠다는 이야기를 하면 유별난 사람 취급을 당하기 쉬웠고, 하도 여기 저기서 이거 시킨다, 저거 시킨다 이야기를 들으니 살짝 불안감이 생기기도 했다.

다행히 어린이집 엄마들 중에도 내 생각에 어느 정도 동의하고 들어주는 사람들이 있어서 그들과 대화하고 어울리면서 조기 교육 유혹의 마지막 시기를 넘길 수 있었다. 아마 조기 교육을 하지 않는 쪽으로 마음을 먹었던 적지 않은 사람들이 주변 사람들에 휩쓸려 결국은 생각대로 하지 못하고 아이가 어릴 때 이런 저런 시도를 할 것 같다. 강의나 모임 때 엄마들의 이야기를 들어보면 그런 사례들이 종종 있다. 본인은 적기 교육을 하고 싶었으나 시부모님이 또는 남편이 조기 교육을 강하게 주장해서 아이가 어릴 때 영어 사교육을 시켰다가 부작용이 생겼다거나 옆집 아이 엄마가 그렇게 방임하면 안 된다고 자꾸 불안감을 심어줘서 결국은 같은 학원을 보냈다거나 하는 이야기들 말이다.

조기 교육의 유혹 또는 불안감에서 벗어나는 방법은 생각보다 쉽지 않은 것 같다. 옆집 엄마, 어린이집 엄마들을 안 보고 살 수는 없으니 말이다. 이런 상황에서 내가 제안하고 싶은 건 그들을 만나되 가능하면 짧게 만나고 대신 적기 교육을 할 수 있도록 서로 격려하고 도움을 주는 사람들의 모임을 찾아 그들과 교류하라는 것이다. 나는 전에 살던 동네의 작은 도서관의 모임이 그런 힘이 되어주는 모임이었고, 그나마 사는 동네에서 사교육을 적게 시키는 엄마들이 그런 역할을 해주었다. 혼자서는 쉽게 흔들릴 수 있으니 나를 붙들어주는 사람들과 뭉쳐서 유혹과 불안감을 이겨내야 한다.

　조기 교육의 유혹과 불안감을 잘 이겨낸 덕분에 10살이 되던 해 3월부터 영어 그림책을 읽기 시작한 아이는 사교육 없이 지난 1년간 영어 그림책을 1,000권가량 읽었고, 초등학교 4학년인 현재는 미국 초등학교 3학년 수준의 책을 읽을 정도가 되었다. 1년 전만 해도 유치원 수준의 책도 못 읽었는데 1년 만에 3년 치를 따라잡은 것이다.

　아이가 3살 때 내가 영어 그림책을 읽어주기 시작했다고 해도 이런 성과를 낼 수 있었을까. 당연히 아닐 것 같다. 아이가 뱃속에 있을 때부터 7년간 아이에게 영어를 노출했다는 어느 영어 강사는 자신의 블로그에 유치원생인 아이가 (7년 만에) 미국 유치원 아이들이 읽는 수준의 책을 읽어서 감격했다고 했는데, 오히려 그것은 EFL 국가인 우리나라에선 초등학교 입학 때까지의 영어 교육은 가성비가 높지 않다는 것을 보여주는 것 같다. 7살 이전의 아이를 키우는 부모라면 영어 대신 한글 그림책 많이 읽어주시고 7살보다 큰 아이를 키우고 있는 부모라면 너무 걱정하지 마시라고 말씀드린다.

무조건 어릴 때 노출되어야 한다는
잘못된 신념

'영어는 무조건 어릴 때 노출되어야 한다'는 강박은 '영유'로 불리는 한달 원비 200만 원의 유아 영어 학원 열풍으로 모자라 영어 태교까지 만들어냈다. 이런 기형적인 현상을 보고 노암 촘스키Noam Chomsky는 한국인들에게 직격탄을 날렸다.

"최근에 아이가 태어나기 전부터 하는 태아 영어 학습법이 성행하고 있다. 인간은 하늘의 최대 선물인 신비로운 언어 능력을 가지고 있다. 동기와 환경을 만들어주기만 하면 언어 능력은 저절로 작동하게 된다. 따라서 한국에서 영어를 배우는 학생들에게는 동기와 환경이라는 연료를 끊임없이 부여 받는 것이 중요하다. 시기는 9~10세가 효과적이지 아닐까 한다."

그런데 이 촘스키가 누구냐면, 영어 유치원이나 영어 태교 업체 사람들이 자신들의 주장을 뒷받침하기 위해 꼭 끌어들이는 언어학자다. '결정적 시기'를 주장하는 생득주의 이론에서 중요한 개념인, 가상의 '선천적 언어 습득 장치 LAD^Language Acquisition Device'를 만들어낸 사람이 바로 촘스키다. 웃기게도 촘스키는 위 인터뷰에서 'LAD는 어느 시기에 국한된 것이 아니며, 언어 습득의 효과적인 시기는 만 9~10세(즉 한국 나이로는 10살 이후)라고 말했다.

결정적 시기에 대한 생각

조기 영어 교육을 주장하는 영어 유치원이나 업체들이 LAD와 세트로 들고 나오는 '결정적 시기'는 미국의 에릭 레너버그^Eric Lenneberg가 주장한 가설로, '언어를 습득할 수 있는 특정 시기가 있는데, 이 시기를 지나면 언어를 배우기가 어렵다'는 주장이다. 이 가설에 기반하여 촘스키는 LAD 개념을 만든 것이다. 일단 짚고 갈 것이, 이것은 가설이고 나온 지 60년이 넘었다는 것이다. 가설이라는 건 '이럴지도 모른다'는, 확실하게 입증되지 않은 생각이다. 60년간 정론으로 확립되지 않고 가설로 계속해서 남아있는 이유는 60년 동안 수많은 과학적

연구를 통해 그 가설을 반박하는 결과들이 많이 나왔기 때문이다.

캐나다 앨러바마 대학에서 제2언어 습득을 연구하는 제임스 플레게James Flege 교수는 2005년에 캐나다로 와서 영어를 배운 탈북민 부모와 자녀들을 연구한 결과에서 다음과 같이 말했다. "외국어 언어 학습에서 보이는 성인과 아동의 차이가 '결정적 시기' 때문에 생긴다는 가설과 일치하는 점을 찾지 못했다."

비슷한 연구로 미국 스탠포드 대학 겐지 하쿠다Kenji Hakuta 교수의 연구가 있다. 그는 중국과 스페인계 이민자의 이민 시기별 영어 능력을 조사하고 논문을 발표했다. 그는 논문에서 "일정 시기를 지나 언어 학습 능력이 현저히 떨어진다고 주장하는 결정적 시기 가설을 뒷받침하는 증거를 찾지 못했다"고 밝혔다. 그의 주장에 따르면, 언어 습득 능력은 나이가 들수록 신체 능력이 떨어지듯 완만하게 줄어드는 것이다.

캐나다 맥길 대학 프레드 기니시Fred Genesee 교수가 한 연구도 결과는 비슷했다. 그 역시 영어를 모국어로 쓰는 나라로 이민 온 사람들을 대상으로 조사를 했는데 결과는 어른이 되어 이민한 사람의 1/3이 원어민 수준의 영어를 구사하는 것을 바탕으로 결정적 시기 가설을 반박했다. 그는 다른 연구에서 '가정의 경제력, 인지 능력, 교육 정도' 등의 사회적 요인이 외국어 습득에서 중요한 것임을 보여주었다.

중요한 것은 얼마나 빨리 접하느냐가 아니라 노출량의 정도!

이민자 연구를 통해 결정적 시기의 증거를 찾지 못했다고 했던 겐지 교수도 프레드 기니시 교수의 주장처럼 "제2외국어 습득에서 중요한 것은 사회 경제적 요인, 특히 정규 교육의 양이 이민자가 영어를 얼마나 잘 배우는지"에 큰 영향을 미친다고 같은 논문에서 주장했다. 이는 제2외국어 습득에서 중요한 것은 '얼마나 이른 나이에 언어를 접했느냐'가 아니라 '노출량'이라는 것을 의미한다.

어린 아이일수록 언어를 빨리 배운다고 오해하는 이유는, 이민을 간 사람들을 봤을 때 아이들이 부모들보다 훨씬 빨리 언어를 배우기 때문이다. 아이들이 부모보다 언어를 빨리 배우는 건 당연하다. 아이들은 학교에서 거의 하루 종일 그 언어에 노출되어 있기 때문이다. 반면에 어른들은 언어를 배우고 쓰는 시간이 아이들에 비해 현저히 적다. 결국 노출량의 차이에 의해 습득 정도가 달라지는 것이다. 2주간 미국에 있으면서 조카와 동생을 관찰한 결과도 이와 같았다. 조카는 학교에서 보내는 아침 8시부터 클럽 활동이 끝나는 5시까지 영어만 사용했다. 그러나 내 동생이 영어를 사용하는 시간은 채 15분도 안되었다. 동생은 미국으로 가기 전 영국에서 9개월간 대학 과정을 공부할 정도로 영어 실력을 갖추었지만 5년이 지난 현재 조카가 훨씬 영어를 잘하는 건 '노출량의 절대적인 차이' 때문이라고 생각한다. 이러한 이유에서 뉴욕 시립대학 지셀라 지아^{Gisela Jia} 교수는 아예 '결정적 시기 가설' 대신에 '주요 사용 언어 교체 가설'을 주장한다.

모국어 습득 과정 연구를 바탕으로 나온 결정적 시기 가설

또 하나 중요한 것은, '결정적 시기' 가설은 모국어 습득 과정을 연구하면서 세워진 가설이라는 것이다. EFL의 비영어권 국가들에선 적용이 안되는 가설이다. 서울대 영어교육과 교수인 이병민 교수는 결정적 시기 가설이 EFL 환경에서 입증된 연구는 아직까지 하나도 없었다고 단언한다. 이런 사실들을 영어 유치원이나 업계에서 말해 줄 리 없다. 이것 말고도 하나 더 알려주지 않는 게 있는데, 결정적 시기 가설을 뒷받침 하는 중요한 사례로 언급하는 '지니'의 사례마저도 아이가 결정적 시기 때문에 언어를 배우지 못한 게 아니라 뇌에 문제가 있어서 언어를 배우지 못한 것으로 후에 연구를 통해 밝혀졌다.

무조건 어릴 때 노출되어야 한다는 잘못된 신념의 피해자는?

미국 로스앤젤레스 소재 캘리포니아 대학 폴 톰슨 Paul Thomson 교수는 핵자기공명영상장치를 이용해 3살부터 15살까지 어린이 뇌의 성장 과정을 4년 동안 추적해 뇌 성장 지도를 2000년 네이처에 발표했다. 이 연구에 따르면 어린이는 3살부터 6살 사이에는 전두엽이 발달하고 6살에서 13살까지는 두뇌의 성장이 앞 부분에서 점차 언어를 관장하는 뒷부분으로 옮겨간다. 이 결과에 의하면 한국 나이로 초등학교 이전에 영어를 가르치는 것은 비효율적이다. 언어를 관장하는 부분은 7살 이후에나 발달하기 때문이다. 연세대 의대 소아정신과 신의진 교수는 "단어 능력은 뇌의 측두엽이 발달하는 초등학교 때, 언어의 논리성은 초등학교 2~3학년이 넘어야 터득한다"고 말한다.

중앙대 영어교육과 김혜영 교수는 "우리나라와 같은 환경에서는 4~5살 이전에 배운 영어는 대부분 다 잊어버립니다. 오히려 너무 일찍 시작한 영어 때문에 아이와 부모 모두 지치기만 할 뿐이죠. 부모가 불안해서 영어 노래나 동화를 들려줄 수 있을지는 몰라도 영어에 친밀감을 갖게 하는 효과 정도지, 영어 실력으로 쌓일 것이라는 기대는 하지 말아야 합니다"라고 조언한다.

영어 교육 전문가인 홍현주 박사(한국외대 언어학)는 다음과 같이 말한다. "겨우 짝짜꿍이나 할 때부터 영어에 매진해도 초등 2~3학년 정도가 되면, 이전에 영어 공부에 매달리지 않은 아이들이 단기간에 그 공부한 양을 따라잡습니다. 얼마 이득도 못 보는 장사에 아이들만 괴롭히는 격이지요. 영어에 일찍 노출시켜 자연스럽게 배우게 하는 목적이라도, 굳이 짝짜꿍 시절부터 그렇게 무리할 필요는 없습니다."

전에도 한 번 썼지만, 태교부터 아이가 일곱 살이 될 때까지 열심히 영어를 들려줘서 얻은 결과물이 고작 3학년 때 영어를 시작한 아이가 몇 주일 만에 따라 잡는 거라면 얼마나 허탈한가. 엄마의 소중한 시간이 그만큼 비효율적으로 쓰인 거니까. 돌아다니겠다는 두살배기 아이를 굳이 끌어다 앉히는 실랑이를 하면서 영어책을 읽어주려던 또 다른 아이 엄마의 모습을 보며 참 안쓰럽고도 쓸데없다고 생각했던 기억이 난다.

적기 교육을 주장하는 학원들은 이미 알고 있다. 4~5살에 시작한 아이나 1학년에 시작한 아이나 얼마 뒤에 같은 반에서 만난다는 것을 말이다. 그걸 알려주면 굳이 엄마들이 어린 애들을 학원에 보내지 않을 것이기 때문에 말하지 않는 것이고, 괜히 아이들만 그 사이에서 스트레스 받으며 괴로울 뿐이다.

흥미로운 사실은 결정적 가설을 주장하는 교수들의 "그런데 말이야" 하면서 덧붙이는 말들이 결정적 가설과 상반된다는 것이다. 결정적 시기 가설의 창시자 레너버그는 "사람은 40세 이후에도 의사소통하는 것을 충분히 배울 수 있다"고 했고, 역시 결정적 시기 가설에 동의하는 뉴욕 시립대학의 마크 패트코스키Mark Patkowski 교수는 "EFL 교육 환경에서는 아주 어린 학습자들을 대상으로 한 외국어 프로그램은 큰 효과가 없다. 외국어는 조금 더 늦게 가르치는 것이 효과적"이라고 했다. 덧붙여 "예를 들어 일주일에 몇 시간 정도 수업을 받는 경우, 10~12살 정도에 시작한 아이들이 더 빨리 따라잡는다"고 말했다.

결국 어릴 때 필요한 것은 한글책 읽어주기

적어도 만 7세 이상에서 영어 교육을 시키는 게 효율적이고 효과적이라면 그 전엔 무엇을 해야 할까? 그것은 바로 정서적 교감, 인성 교육과 함께 한글책 읽기다. 세계적인 뇌과학자로 알려진 서유헌 가천대 뇌과학원장은 "3~6살에 두뇌는 사고와 인성을 관장하는 전두엽에서 급격하게 신경 회로가 발달한다"며 영유아 시기에 중요한 것은 과도한 학습이 아닌 정서 교감과 인성 교육을 강조한다. 정서적으로 안정감을 느끼는 아이가 학습 효과가 좋은 건 너무 당연한 이야기니 학습을 위한 선행 작업이라고 생각하고 정서 교감에 집중하시라고 하겠다.

한글책을 많이 읽히는 것의 중요성은 앞으로 차차 밝혀 나가겠다.

앞에서도 언급한 캐나다 맥길 대학의 프레드 기니시 교수는 캐나다 이민자 아이들을 연구한 결과 "모국어가 영어 습득을 촉진하는 데 도움이 된다"는 결론을 내렸다. 두 아이를 집에서 영어 독서와 음원 노출 등을 활용해 영어를 가르쳤다는 엄마이자 30년 경력의 영어 교사의 말로 글을 마무리 하려고 한다.

"제 아이들을 키우면서, 또 30여 년 영어 관련 일을 하고 특히 아이들을 많이 가르쳐본 경험으로 제가 꼭 드리고 싶은 말씀은요, 영어는 모국어 능력과 비례하게 되어 있어요. 국어 능력이 높아야 영어 능력도 높아질 수 있다는 거예요. 폭넓은 독서를 할 수 있도록 해주세요. 그게 정말 정말 중요합니다. 다양하고 폭넓은 (한국어) 지식을 바탕으로 사고하는 힘을 길러줘야 그게 결국 영어 능력으로도 이어져요."

우리 아이,
왜 영어를 잘하길 바라는가

강의를 하게 되면 제일 먼저 하는 질문 중 하나가 바로 "왜 당신은 아이가 영어를 잘하길 바라는가?"이다. 보통 대답은 두 가지다. 하나는 "아이가 영어를 못하는 자신처럼 살지 않았으면 해서"이고, 또 다른 하나는 "아이가 영어로 된 콘텐츠를 번역이나 통역 없이 즐기면 좋겠다는 바람에서"라는 대답이다. 두 번째 대답은 첫 번째 대답과 같은 선상에 있다는 걸 알 수 있다. 내 강의를 듣는 대부분의 사람들은 영어를 원어민처럼 구사하는 사람들이 아니고 영어를 업으로 하는 사람들도 아니다. 영어에 대해 벽을 느끼고 있고 심하면 영어 울렁증도 가지고 있다. 이 사람들은, 이 사람들뿐 아니라 거의 모든 사람들이 자막없이 영어로 영화와 미드를 보고 싶고, 방탄소년단의 UN 연설을 듣고 싶은데 그러지 못하는 게 현실이다. 그래서 우리는 '로망'을 가진다. 영어를 잘해서 영어로부터 자유롭고 싶은 로망. 영어를 잘하고 싶은 마음은 우리 모두에게 있고, 그것이 아이 교육에 투영된 것이다.

스스로에게 '왜'라고 물어볼 것

생각보다 많은 사람들이 아이가 영어를 잘하면 좋겠다고 생각하고 학원이나 문화센터 등을 보내고 학습지를 시키지만, '왜'에 대해서는 잘 고민하지 않는다. 영어는 무조건 잘해야 하는 것이니까 이유를 생각할 필요가 없는 거다. 그러나 당연하게도 이 '왜 영어를 잘해야 하는가?'는 굉장히 중요한 질문이다. 이 질문에 대한 답이 아이의 동기 부여와 연관되며, 동기 부여의 여부에 따라 학습의 성공이 좌우되기 때문이다.

경영대학원을 다닐 때 재미있게 들었던 과목 중 하나가 바로 〈Human Resource〉였다. 인적 자원이라는 뜻인데 보통 회사에서 '인사과'를 뜻하며 쓰인다. 이 과목은 쉽게 말해 사람을 어떻게 다루고 계발할 것인가, 개인뿐만 아니라 조직을 어떻게 개발하고 운영할 것인가에 관한 학문이라고 생각하면 되는데 교과서 첫 문장이 굉장히 인상적이었다.

"사람은 거의 바뀌지 않는다."

이 문장의 의미는 '사람은 고쳐 쓸 수 없다'는 의미가 아니라 '사람은 웬만해서 잘 바뀌지 않는다, 따라서 리더의 역할은 조직원 개개인을 바꾸는 것이 아니라, 개개인을 잘 파악해서 그에게 적절한 동기 부여를 하는 것이다'라는 것이었다.

애니메이션 〈쿵푸 팬더〉에 보면 몸이 무거운 팬더를 사부인 시푸가 어떻게 훈련시키는지 나온다. 팬더는 몸이 무거워서 전혀 쿵푸 따위는 배울 수 없을 것 같은데, 그런 팬더가 날렵하게 움직이는 때가 있으니 바로 먹을 것을 발견한 때였다. 시푸는 그것을 보고 팬더가 좋아하는 만두를 이용해서 훈련을 하고, 결국 팬더는 쿵푸에 능한 '용의 전사'가 된다.

여기서 만두는 팬더를 움직이게 하는 힘인 동기다. 동기 부여가 되기 전의 팬더는 훈련을 해낼 수 없는 존재였지만, 동기 부여가 된 이후의 팬더는 주어진 과제를 즐겁게 마치고 원하는 목표에 이른다. 만두를 이용해 훈련을 하기 전과 후의 팬더는 다른 존재가 아니다. 팬더가 바뀐 것도 아니다. 그저 사부인 시푸가 동기를 찾아서 팬더를 움직이게 했을 뿐이다. 진정한 리더는 그를 따라야 하는 사람에게 강압적으로 움직이게 하지 않는다. 따르는 이가 좋아하는 것을 찾아주어 스스로 움직이게 한다.

나는 이것이 바로 부모와 자녀 관계에도 동일하게 적용된다고 생각한다. 아이가 바뀌기를 바라며 닦달하는 것이 아니라 아이를 살피고 아이에게 무엇이 필요하고 아이가 좋아하는 것이 무엇인지를 찾아내는 것이 부모의 역할이다. 흔히 유명한 운동선수, 예술가들을 보면 부모들이 아이가 좋아하는 것을 빨리 찾아내서 그것에 집중할 수 있도록 해준 것을 공통적으로 볼 수 있다. 좋아하는 것은 자연스럽게 동기를 부여해주는 것과 같다.

영어를 좋아하게 만들어주면 동기 부여가 끝난 것이다. 영어를 잘하면 왜 좋은지 아이 스스로 설득되면 아이는 영어를 좋아할 수밖에 없다. 자신의 꿈을 위해 영어가 필요하다면 꿈을 이루기 위해 영어를 할 수밖에 없는데, 자신의 꿈을 이루기 위한 여정을 함께 하는 동반자가 영어이기 때문에 좋아하게 되는 것이다.

영어를 잘하면 왜 좋을까. 아이마다 다를 것이다. 나는 조카들과 아이의 친구들에게 이렇게 말한다.

"영어를 잘하면 네가 좋아하는 일을 할 수 있는 가능성이 넓어진다. 영어를 잘하면 한국뿐만 아니라 전 세계에서 네가 좋아하는 일을 할 수 있는 기회가 더 많아진다."

유튜브 채널 Aran English를 운영하는 김아란 에듀테이너는 이렇게 이야기한다.

"우리는 애초에 원어민 같아질 필요가 없습니다. 외국어는 원어민처럼 되려고 배우는 것이 아닙니다. 더 많은 사람과 소통하고, 더 넓은 세계를 경험하고, 더 많은 정보를 접하며, 더 큰 영향력을 행사하기 위해 배우는 것이죠."

이런 이야기는 어느 정도 구체적인 꿈을 가진 고학년 아이에게는 설득력이 있지만 어린 아이들에게는 이런 것이 그다지 와닿지 않을 수 있다. 어린 아이들에게는 어떤 것이 동기가 될 수 있을까? 바로 재미다. 책이 재미있으면 아이들은 계속 책을 읽고 싶어한다. 만화도 마찬가지다. 영어 그림책과 영어 만화가 재미있으면 아이들은 꿈이고 뭐고 필요 없다. 재미 그 자체로 충분한 동기 부여가 된다.

그러니 어렸을 때 -나는 초등학교 2~3학년부터가 좋다고 생각하지만, 어떤 아이들은 그 이전에도 영어에 관심을 가진다. 그런 아이들에게는 좀 더 일찍 영어 그림책과 만화를 보여줘도 될 것 같다. 그러나 만 6세 이전은 추천하지 않는 편이다- 는 재미있는 영어 그림책과 영어 만화를 찾아주자. 가능하면 아이의 관심사와 관련된 재미있고 흥미로운 그림책과 만화가 좋다. 큰 아이들에게는 아이의 관심사와 꿈에 대해 살펴보고 그것을 영어와 연관시켜 할 수 있는 방법을 함께 고민해주자. 동기 부여가 되면 (물론 가끔 부모의 개입이 필요할 때도 있지만) 아이들은 하라고 하지 않아도 스스로 움직이고 몰입한다.

롤 모델과
계기를 찾아줄 것

엄마표 영어뿐만 아니라 모든 교육에서 가장 중요한 것은 동기 부여다. 학습자가 동기 부여된 상태라면 교육자가 준비한 것보다 더 많은 것을 얻어갈 수 있지만, 학습자가 전혀 동기 부여가 되지 않은 상태라면 교육자가 아무리 많이 준비해도 소용없다. 십수 년을 가르치면서 가장 난감한 사례가 바로 아이는 공부할 생각이 하나도 없는데 억지로 부모가 들이민 경우다. 아이뿐 아니라 성인도 마찬가지다. 기업에서 직무 연수를 담당하는 강사님으로부터 가장 어려운 학습자가 바로 승진을 위해 마지못해 교육을 받으러 나오는 직원들이라는 이야기를 들었다. 학습에서 가장 중요한 첫번째는 동기 부여다.

동기 부여의 힘

친구 중에 원어민 수준으로 영어를 구사하는 친구가 있어서 물어봤다. 초등학교 3학년 때 일주일에 한 번 원어민과 하는 소규모 그룹 프로그램에 등록해서 1년 정도 영어를 배운 게 첫 시작이라고 했다. 그때는 영어를 한다기 보다는 그냥 친구들과 게임하고 노는 거라고 생각했고, 실제로 영어 문장을 제대로 말하지는 못했다고 했다. 그런데 5학년 때 어떤 계기로 인해 영어를 잘해보고 싶다는 생각이 들었고 그때부터 영어를 제대로 공부하기 시작했다고 했다. 계기라는 건 사실 별 거 아니었다. 허세를 부려야 할 상대가 생겼는데, 영어로 욕을 하면 상대가 자신을 가볍게 보지 않을 거란 생각이 들어서 영어 과외 선생님에게 과격한(?) 표현을 물어보고 외웠다고 한다. 친구는 그때 외운 문장들은 30년이 지난 지금도 외우고 있다며, 그 사건이 자신에게 영어 학습의 동기가 되었다고 했다. 외부에서 억지로 동기를 부여하는 것과 스스로 동기를 부여하는 것의 차이가 바로 여기에 있다.

강경화 외교부 장관이 영국 BBC 방송과 한 인터뷰를 보게 되었다. 격조 높은 인터뷰를 영어로 구사하는 강 장관의 모습이 정말 멋있어서 나도 모르게 동영상을 계속 반복해서 틀어놓았더니, 아이가 와서 뭐냐고 관심을 가지며 같이 보고 싶다고 했다. 동영상을 같이 본 다음 강 장관에 대해 이야기하면서 최근에 생긴 나의 롤 모델이 이분이라고 이야기했다.

어느 분이 내가 예전에 동기 부여에 관해 쓴 글을 읽고 아이의 동기 부여에 롤 모델도 중요한 것 같다고 말씀해주셨다. 나도 그것에 동의했는데, 롤 모델이 중요하다고 생각하는 이유는 롤 모델이 결국 학습자 본인의 꿈을 학습과 연결시켜주기 때문이다. 자신의 꿈을 이루겠다는 강력한 의지만큼 강력한 동기가 어디 있겠는가.

아이가 강경화 장관이 나의 롤 모델인 이유에 대해 궁금해하길래 강 장관의 리더십과 인성 등에 대해 이야기하고 덧붙여 영어 소통 능력까지 덧붙였다. 이야기하면서 내심 영어 학습에 중요한 동기를 부여해주면 좋겠다고 생각했다. 강경화 장관이 많은 이들의 롤 모델이 되면 영어 학습에도 중요한 동기 부여를 해주겠다 싶었는데 아니나 다를까, 영상 댓글들을 보면 롤 모델과 함께 영어 소통 능력에 관한 이야기가 빠지지 않는다. (참고로, 강 장관이 추천하는 영어 공부 방법이 수준에 맞는 영어책을 많이 읽으라는 것이다. 반가운 이야기다.)

계기의 발견

아이가 스스로 동기를 찾지 못한다면 계기를 만들어주자. 짧게라도 해외 여행을 가거나 이태원처럼 외국인들이 많은 곳을 방문해보는 것도 아이에겐 영어에 대해 생각해볼 좋은 계기가 될 수 있다. 내 아이의 경우, 미국 이모네 집에 다녀온 경험이 하나의 계기가 되었다. 원래는 아이가 5~6학년이 될 즈음에 전세금이라도 털어서 세계 여행을 몇 개월 정도 할 계획이었다. 넓은 세계를 직접 경험하고 그 세계에서 쓰이는 언어가 영어라는 것을 보게 되면 시키지 않아도 영어 공부에 더 집중할 수 있을 것이라고 생각했기 때문이다. 그런데 우연한 기회로 아이가 영어를 시작한 지 6개월 만인 10살 가을에 2주 동안 미국에 체류할 일이 생긴 것이다. 아이는 영어로 할 줄 아는 말이 별로 없었지만, 비행기 안에서, 공항에 도착해서 그리고 도서관에 놀러 가고 슈퍼나 식당에서 엄마가 영어로 소통하는 것을 보고 생각한 게 있었다. 다녀와서 언젠가 아이랑 왜 영어를 잘 하는 게 좋을까에 대해 이야기할 때 아이는 스스로 외국에서 영어로 소통할 수 있기 때문에 영어를 잘하는 게 좋다고 대답했다. 학원비를 모아서 여행도 하고 동기도 만들어준다면 그야 말로 1석 2조 아닌가.

해외여행이 어렵다면, 국내 영어마을이나 2~3일 또는 4~5일 정도의 단기 영어 캠프를 이용하는 것도 방법이다. 얼마 전 같은 반 학부모가 아이가 파주 영어마을에서 하는 프로그램에 참여해서 처음 영어를 접하고는 외국인과 영어 학습에 대해 거부감 없이 좋아했다는 이야기를 들려주었다. 또 하나, 자연스럽게 영어의 필요성을 인지하고 즐겁게 영어에 노출되는 기회를 통해 동기 부여를 할 수 있는 것이 단기 캠프다. 우리 아이는 학교에서 3학년 대상으로 진행하는 1일 영어 캠프에 다녀온 적이 있는데, 집에 오자마자 자신이 영어로 진행하는 활동에 적극적으로 참여하고 영어를 잘 못하는 친구들을 위해 통역을 했던 것을 신이 나서 설명했다. 아이의 그런 모습을 통해, 비록 초단기 영어 캠프였지만 그 캠프가 영어에 대한 동기 부여 기회가 되었음을 확인할 수 있었다. 15박16일 캠프까지도 필요 없다. 2박3일로도 충분하니 기회가 있다면 아이와 충분히 논의하고 참여해보도록 하자.

앞서 내가 강경화 장관의 동영상을 보여주며 아이에게 설명했던 것처럼 아이가 좋아할 만한 인물이 해외에서 활약하는 동영상이나 영문 기사를 보여주는 것 또는 좋아할 만한 콘텐츠를 영어로 찾아 보여주는 것도 동기 부여 방법 중의 하나다. 우리 아이의 경우, 디자인에 관심이 많고 일러스트레이터가 되는 것이 꿈이다. 그래서 어쩌다 한 번씩 영어로 된 관련 동영상을 보여주면서 "(콘텐츠를 만든) 이 사람이 한국어를 못 하는게 아쉽다~"라고 슬쩍 던진다. 관심있는 인물과 관련된 동영상을 보기 위해서라도 아이는 영어를 좀 더 잘하고 싶다는 생각을 무의식적으로 하게 될 거라는 생각에서다. 어떤 엄마는 아이가 요리를 좋아해서 넷플릭스에서 영어 요리 경연프로그램을 틀어줬더니 아이가 그 프로그램에 쏙 빠져서 한글 자막이 없는 것도 모르고 시청하다가 영어 노출이 시작되었다고 한다. 그 아이는 거기에 나오는 어느 요리사를 자신의 롤 모델로 삼고 영어를 공부하게 될지도, 아니면 자신도 세계 여러 나라의 요리사들과 함께 경연하는 현장에 서 보고 싶다는 꿈을 가지고 영어에 관심을 가질지도 모른다.

아이에게 롤 모델을 찾아주자. 그리고 영어가 쓰이는 현장을 직접적으로든, 간접적으로든 경험하고 눈으로 볼 수 있게 해주자. 동기를 찾을 수 있는 롤 모델과 계기를 찾으면 아이는 스스로 영어를 공부하게 될 것이다.

영어에 대한 호감을
어떻게 만들까?

요즘은 어린이집에서 5살 정도가 되면 영어 특별 활동 수업을 한다. 적으면 일주일에 1번, 많으면 매일 20분 정도 노래와 책으로 영어를 배우다 보니 이미 아이들은 영어를 낯설지 않게 느낀다. 영어 선생님 이 재미있는 분이어서 아이가 영어에 자연스럽게 호감을 갖게 되는 경우도 있지만, 우리 아이처럼 수준보다 빠른 진도 때문에 영어를 좋 아하지 않는 경우도 있다.

호감은 엄마의 영어 그림책 읽어주기에서부터

우리 아이가 영어 그림책을 좋아하게 된 건 영어가 좋아서가 아니라 엄마가 책 읽어주는 것이 좋아서였다. 만 4세 때 한글 읽기 독립을 한 이후 나는 아이에게 책을 별로 읽어주지 않았다. 읽기 독립 후에 아이가 가끔씩 책을 읽어달라고 할 때가 있었지만 대부분은 스스로 책을 찾아 읽었다. 그러다 만 5년 만에, 10살이 된 아이에게 비록 영어책이지만 날마다 책을 읽어주는 엄마가 아이는 너무 반가웠는지 날마다 책 읽는 시간을 기다렸다. 어쩌다 너무 피곤해서 오늘은 영어 그림책 읽지 말고 자자고 하면 딱 한 권만 읽어달라고 졸라댔다.

엄마가 아이에게 영어 그림책을 읽어주는 것은, 아이에게는 영어 시간이 아니라 엄마와 함께 깔깔대며 웃고 대화를 주고 받으며 엄마의 사랑을 느끼는 시간이다. 엄마는 영어 학습을 위해 시작했어도 말이다. 이렇게 해서 영어에 생긴 호감을 계속 키워주려면 절대 학습을 생각하면 안 된다. 아이와 함께 영어 그림책을 읽어주는 시간은 온전히 아이와 함께 이야기 속으로 빠져들어가는 시간이라고 생각해야 부록처럼 영어가 딸려온다.

엄마를 따라 하면서 싹트는 관심

앞서 말했듯이 우리 아이가 처음부터 영어에 호감을 가졌던 것이 아니다. 그렇다고 영어를 엄청 싫어한 것도 아니다. 어린이집 영어 수업 시간을 싫어한 것일 뿐. 영어는 좋아하지도 싫어하지도 않는, 그냥 낯설지 않은 것이었다. 3학년 때 본격적으로 영어 그림책을 읽어주기 전 영어 소리에 익숙해지게 하려고 2학년에 올라가면서부터 슬슬 영어 만화를 보여주기 시작했다. 영어 동요는 틀어줘봤자 못 알아듣는 소음에 불과하기 때문에(그래서 문자와 함께 소리를 듣는 것이 중요하다. 오래 전에 유행했던《영어 공부 절대로 하지 마라》라는 책의 공부법은 대본이나 본문 같은 문자는 절대 보지 말고 소리가 다 들릴 때까지 주구장창 소리에만 노출하라는 공부법이었는데, 이 공부법을 시도했다가 대부분 실패하는 이유가 이것이다.) 유튜브에서 만화를 찾아보기 시작했다.

IPTV에서 처음 발견한 영어 만화가 〈POCOYO〉였는데 3세 카테고리에 있었다. 내가 먼저 틀어서 보며 깔깔댔다. 옆에 와서 엄마가 뭘 보나 쳐다보던 아이는 어느 순간 같이 빠져들었고, 계속 보고 싶어했다. 10살에 3세 만화라니 유치하게 여길 것 같았지만 외국 3세는 한국 나이 4~5살이고, 10살이라도 아이는 아이였다. 게다가 영상 노출을 제한하는데 영어 만화는 상대적으로 느슨하게 풀어주었으니 아이가 계속 보고 싶어하는 게 당연했다.

영어 만화라고 너무 주구장창 틀어줄 수는 없어서 어느 정도 아이가 익숙해졌을 때부터는 일종의 보상으로 활용했다. 숙제를 마치면 영어 만화를 30분간 보는 식으로 말이다. 주말에는 만화 영화의 날로 정해 디즈니 만화를 한글 자막과 함께 보았다. 3학년 2학기 즈음부터는 한글 자막으로 2번 이상 본 만화는 영어 자막으로 또는 자막 없이 보는 것을 규칙으로 정했다. 이때도 의무가 아니라 아이의 도전 정신을 이용했다. "한글로 이미 봤으니 자막 없이도 볼 수 있지 않을까? 도전?"하고 말을 던지면 아이는 살짝 망설이다가 "도전!"을 외치곤 했다. 끝까지 다 보고 나면 "우와, 자막 없이 이걸 다 봤어! 이게 이해가 다 된단 말이야? 대단한데~!"라고 치켜세워주었다. 그러면 아이는 "뭐, 이런 걸로…" 하는 듯한 미소를 지으며 어깨를 으쓱하곤 했다.

책을 읽어줄 때도 마찬가지였다. 재미있을 만한 책을 빌려오면 내가 먼저 펼쳐서 읽다가 혼잣말로 "얘 진짜 웃기다~" 하며 큭큭 웃어댔다. 그러면 아이는 다른 일을 하다가 궁금해하며 옆으로 와서 뭐가 웃기냐고 묻고 나는 바로 대답을 하는 대신 첫 장을 펼쳐 읽어주었다. 아이는 자연스럽게 책 한 권을 다 읽고, 그러면 잽싸게 또 재미있는 책이 있다며 다른 책을 꺼내서 읽어주었다. 그러면서 하루에 3권씩 영어 그림책을 읽었고 2달 만에 200권을 읽게 되었다. 아이와 읽은 책은 그날 그날 제목을 다 기록해서 목록으로 만들었다. 30권, 50권, 100권 이런 식으로 목록이 늘어날 때마다 아이는 자잘한 일러스트로 자축을 하곤 했다. 책 목록을 보면 반전 있는 재미있는 책들이 주로 차지한다. 내가 먼저 읽으면서 "이거 진짜 너무 웃겨!" 또는 "이거 대박!"을 외치며 오버 액션을 할 때 아이가 더 훅 책 읽기로 들어오는 경우가 많았기 때문이다.

노래를 들을 때도 이 방법은 유효했다. 동요를 들으면서 재미있는 부분이 나오면 "이 부분 진짜 웃기다~"하며 간단히 가사의 웃긴 부분을 설명해줬다. 그러면 아이도 같이 재미있다며 듣게 되고 어느 순간 그 노랠 기억해서는 계속 틀어달라고 했다. 그러다가 입에 붙어서 따라 부르기도 했다. 어느 정도 영어에 익숙해지자 아이는 동요가 유치한지 내가 자주 듣는 팝송을 같이 듣기 시작했다. 언젠가부터는 나도 모르는 사이 자기 아이패드 음악 재생 목록에 여러 팝송을 넣어두고 계속 듣다가 어느 순간부터는 가사를 찾아서 따라 부른다.

호감이란 건 강요에서 생겨나지 않는다. 내가 좋아하는 누군가가 하면 자연스럽게 관심이 가고 호감도 생긴다. 아이가 세상에서 제일 좋아하는 사람, 엄마가 먼저 영어 그림책을 열심히 읽고 영어 노래를 들으며 즐기는 모습을 보면 아이도 영어 그림책과 노래에 관심을 갖는다. 어떻게 아이가 영어를 좋아하게 만들까를 고민한다면 엄마가 먼저 좋아하는 것을 영어로 해보길 바란다.

책 읽기를 통한 엄마표 영어는 책 좋아하는, 내성적인 아이만 가능?

어느 모임에서였다. "영어 그림책 읽기를 통해 영어를 자유롭게 읽고 쓸 정도로 배울 수 있다, 10살 이후에 시작해도 늦지 않다"고 한창 이야기를 하는데, 한 분이 "난 당신의 의견에 반대한다"며 그 이유를 이렇게 이야기했다. "당신의 아이는 책 읽기를 좋아하는데 우리 아이는 그렇지 않다. 책 읽기를 좋아하는 내성적인 성격의 당신 아이나 가능한 방식이다."

물론 아이마다 성향이 다르고 성향에 따라 권장하는 학습 방식이 있다. 그러나 책 읽기를 내성적인 아이나 좋아하고 즉, 책 읽기를 좋아하는 아이는 따로 있으며 그런 아이에게나 영어 그림책을 읽게 해서 영어를 배우게 할 수 있다는 말은 맞는 말이 아니다. 이야기를 싫어하는 사람은 드물기 때문이다. 우리는 광고인 줄 알면서도 광고에 빠진다. 왜 그럴까? 광고도 이야기이기 때문이다. 이야기에 빠져보지 않은 사람은 없는데 책을 안 읽는 사람은 왜 있는 걸까? 그건, 책 읽는 환경에 노출되지 않았기 때문이고 책 읽는 습관이 만들어지지 않아서일 뿐이다.

책 읽기를 좋아하는 아이는 따로 있다?

도서관에서 만난 엄마들에게 질문을 던졌다. "과연 책 읽기를 좋아하는 아이는 따로 있는 걸까요? 영어 그림책 읽기를 통해 아이가 영어를 익히게 하는 것은 책 읽기를 좋아하는 아이에게만 가능한 것일까요?"

엄마들의 대답은 이랬다. "책을 스스로 찾아 읽지 않는 아이는 있지만 책을 읽어줄 때 싫어하는 아이는 없는 것 같아요. 책 읽는 환경에 노출되지 않아서 습관이 들지 않아서 그런 것 같아요." 즉, 이야기를 싫어하는 아이는 없으며 환경이 조성되지 않았기 때문이라는 것이다. 나의 생각도 그러했다.

아이가 3학년 겨울 방학 때의 일이다. 방학을 맞아 조카들을 데리고 실험을 한 가지 했다. 나에게는 아이와 동갑, 그리고 위아래로 2살 터울인 남자 조카 둘과 여자 조카가 있다. 이 아이들은 미디어에 노출이 많이 되어 있고 책 읽는 걸 좋아하지 않는 아이들이었다. 친정에서 엄마와 함께 살고 있는 내 동생과 제부는 맞벌이에 주말부부여서 평소에는 친정 엄마가 아이들을 돌봐주시지만 방과 후 대부분의 시간은 책 읽기와는 거리가 먼 것들로 보내는 상황이었다. 방학이 시작되자 먼저 우리 집에 있는 아이의 책을 모두 친정에 택배로 보냈다. 그리고 아이와 함께 동생네 집으로 갔다. 2주일간 친정에 있으면서 나는 친정 엄마 대신 아이들을 돌보며 책 읽기를 싫어하는 아이들을 대상으로 실험을 해보았다. 책 읽기를 싫어하는 아이들이 있는 건지, 아니면 책 읽는 환경에 노출되지 않고 습관이 안 든 아이들만 있는 건지 확인하고 싶어서 말이다.

제일 먼저 아이들의 핸드폰을 모두 수거했다. 그리고 택배로 보낸 책을 눈에 잘 보이는 곳에 놓아두었다. 그다음에는 아이들에게 매일 40분에서 1시간씩 책을 읽도록 주문했다. 핸드폰은 하루에 30분만 할 수 있게 했고 책을 읽지 않으면 핸드폰을 아예 주지 않겠다고 했다. 첫날 아이들은 투덜거리며 책을 꺼내 와서 읽었다. 중간중간 얼마나 시간이 남았는지 확인하면서 말이다. 그런데 이틀째부터 상황이 달라졌다. 시키지도 않았는데 아이들이 아침에 일어나서 책을 꺼내 읽기 시작하더니 3일째부터는 정해진 시간이 지났는데도 책을 계속 읽는 것이었다. 그 일은 2주 동안 이어졌다.

조카들과 2주일을 보내면서 다시 한번 이야기를 싫어하는 아이는 없다는 걸 느꼈다. 이야기에 빠져보지 않았을 뿐이다. 한번 이야기에 빠진, 이야기의 힘을 경험해본 아이들은 시키지 않아도 이야기를 찾아 책을 읽는다. 책을 쉽게 만날 수 있는 환경을 만들어주고 이야기에 빠져들게 하면 책 읽는 습관은 절로 만들어진다.

책 읽는 환경은 어떻게 만들까

아이가 자연스럽게 책을 읽게 하려면 일단 부모가 책 읽는 모습을 자주 보여줘야 한다고 생각한다. 몸소 보여주는 것만큼 강력한 메시지는 없기 때문이다. 그러기 위해서는 먼저 부모가 몸소 TV, 핸드폰, 인터넷 등의 미디어 사용을 줄여야 하는 게 필요하다. 우리 집엔 TV가 있긴 했지만, 내가 TV 보는 것을 좋아하지 않아서 다른 집보다는 틀어놓는 시간이 적었다. 그리고 우리 부부 둘 다 책을 많이 읽는 편이라 아이는 자연스럽게 책 읽는 모습을 보며 자랐다. 나는 거의 날마다 아이와 함께 동네 도서관에 들러 책을 읽고 빌려왔고, 빌려온 책은 밤마다 아이에게 읽어주었다. 또한 책 읽는 환경을 위해 책을 장난감처럼 가지고 놀았다. 나는 장난감을 거의 사지 않았다. 대신 책을 가지고 인형집을 만들고 블록처럼 책을 쌓으며 놀았다. 그리고 책이 가까운 곳에 있도록 했다. 눈에 보이는 곳, 손에 닿는 곳마다 책을 놓았다. 잠자는 머리맡에도, 거실에도, 화장실에도.

만약 이런 저런 이유로 부모가 책을 읽어주기 힘들고 물리적으로도 책 읽는 환경을 만들어주기 어렵다면 시중에서 유료로 이용할 수 있는 독서 프로그램을 이용해도 된다. 친구의 경우 아이가 어릴 때 매월 돈을 내면 기기를 통해 책을 읽을 수 있는 프로그램을 신청해서 본인이 책을 직접 읽어주지는 않았지만, 아이가 책을 접할 수 있도록 했다고 한다. 남자아이고 활동적인 아이인데도 책 읽는 것을 좋아해서 집에 있을 땐 혼자서 몇 시간이고 책을 읽는다고 한다.

내성적인 아이만 책 읽는 걸 좋아하는 것은 아니다. 아이가 활동적이니까 책 읽는 것보다는 나가서 노는 걸 좋아할 거라고 짐작하는 어른들의 편견일 뿐이다. 내성적이든, 외향적이든 이야기에 빠져본 아이들은 책을 읽는다. 그렇게 책을 읽는 아이들은 영어도 그림책으로 쉽게 배울 수 있다. 그것도 학습을 위해 인위적으로 만든 영어가 아니라 영어권에서 사용하는 생생한 영어를 말이다.

다시 한번 이 문장으로 이번 글을 마무리하고 싶다. 이야기를 싫어하는 아이는 없다. 이야기에 푹 빠져보지 않은 아이가 있을 뿐.

Chapter 2

영어 공부의 골든타임은 10살

우리 아이 영어의
시작

아이에게 영어를 어떻게 접하게 해줄 것인가를 고민하기 시작하면서 막연하게나마 방향을 잡은 것은 일단 문자를 접하기 전에 소리에 익숙하게 해주고, 학원이나 학습지가 아닌 원어민이 접하는 자연스러운 콘텐츠로 접근한다는 것이었다. 아이가 영어를 최대한 모국어를 습득했을 때와 비슷한 과정으로 배웠으면 좋겠다고 생각했기 때문이다. 인간이 모국어를 습득하는 과정을 보면 문자보다 소리를 먼저 습득하고 이후에 말하기와 읽기를 시도하기 때문에 일단 듣기가 먼저 시작되어야 한다고 생각했다. 그래서 아이에게 구체적으로 어떻게 영어를 접하게 할지 그림이 그려지지 않은 상태에서도 소리 노출을 먼저

해야겠다는 생각은 하고 있었다.

영어와 친해지기

영어 만화를 처음 보여줄 때는 소리에 익숙해지라고 한글 자막으로
된 만화와 한글 자막 없는 영어 만화를 반반 정도 보여주었다. 그러다
가 점점 한글 자막 만화 비중이 줄면서 지금은 자막 없이 또는 영어
자막으로만 만화를 보고 있다. 영어 만화 노출과 관련하여 9살 때의
일을 페이스북에 적어둔 것이 있어서 옮겨보았다.

1. 차가 덜컹거리자 아이가 차가 딸꾹질 한다며 "히껍hiccup!"이러더
   니 "히껍이 뭐야"라고 묻는다. '딸꾹질'이라고 알려주자 "이 차가
   히껍한다"고 한다. 헐. 가르쳐준 단어가 아닌데….
2. 갑자기 "How are you?"라고 물어서 "Fine, how are you?"라고 되물
   으니 "Happy!"라고 답한다.
3. 불꺼진 거실에 잠깐 나갔다 오더니 "Mommy, scary …".
4. 과자가 쏟아지자 "No way!"
5. 레고 가지고 노는데 고양이에게 따라오라며 "Come on." 내친 김에
   내가 영어로 이야기하며 3분 정도 놀았는데 거부감 하나도 없음.

약속한 만화 시간 때문에 더 하지 못함.

몇 가지 예시만으로 우리 아이가 영어를 한다고 하기엔 우스운 것들이다. 그러나 충분히 자연스럽게 아이가 영어를 배워가는 증거라고 본다. 우리 아이는 어린이집 때 특별 활동으로 한 수업밖엔 영어를 접한 적이 없다. '국어가 먼저, 그리고 적기 교육이 중요하다'고 믿는 나는 일부러 영어에 노출시키지도 않았다. 2학년에 들어서면서 이제 슬슬 노출 해야겠다 싶어 한 시간 정도 영어 만화를 보여주고 아침에 내가 좋아하는 영어 노래를 같이 듣는 정도였다.

엄마표 영어 관련 책이나 온라인 커뮤니티 글을 보면 하루 3시간을 무조건 영어에 노출시키라고 하고 한글 자막이나 한국어 만화는 절대 안된다고 한다. 그러나 그게 아이에게나, 엄마에게나 말처럼 쉬운 게 아니다. 우리 아이를 관찰한 결과, 느긋한 마음으로 하루 한 시간 정도 노출을 시키는 게 처음엔 낫겠다는 생각. 시간이 좀 걸리긴 하겠지만 3시간이 아니라 한 시간만 노출시켜도 나중에 학원에서 공부한 아이들 정도는 따라잡을 것 같다는 긍정적인 느낌이 들었다.

영어 그림책을 읽어주기 적절한 때

영어 동요든, 이야기를 읽어주는 음성 파일이든, 동영상이든 소리에 어느 정도 익숙해져서 영어 음성에 거부감이 없어지면 그때가 바로 영어 그림책을 읽어주기 적절한 때다. 영어 그림책 읽기를 통해 소리와 문자가 연결되게 하고 자연스럽게 영어책 읽는 습관으로 정착되는 데 2년 정도 걸릴 거라고 예상하고, 그 2년 동안에는 아이에게 말하기나 쓰기 등 결과물을 만들어내는 활동을 요구하지 않기로 마음을 먹었다. (영어교육학에서 말하기와 쓰기는 Productive skills라고 하는데, 듣기와 읽기가 먼저 충분히 선행되어야 가능한 기술이라고 배운다.) 부모 입장에서는 결과물을 빨리 보고 싶은 마음이 굴뚝같겠지만, 아이 입장에서는 굉장히 부담스러운 일일 테고 그렇게 하다가 영어와 담을 쌓을 수도 있을 거라는 생각에서였다.

영어 그림책을 읽어주는 것이 어느 진행되면 혼자서도 영어책을 읽거나 영어 콘텐츠를 즐길 수 있도록 해야겠다는 생각을 했는데, 영어책을 애니메이션으로 만든 리틀팍스가 그 역할을 톡톡히 해주었다. 또 학습은 아니더라도 학습과 이어질 수 있도록 종종 팝송이나 디즈니 OST의 가사를 확인하며 노래를 부르는 미션을 수행했고, 영어 그림책을 읽기 시작한 지 6개월 정도가 지났을 무렵에는 쉬운 그림 영어 사전을 매일 일정 분량 함께 읽으면서 단어 공부를 대신했다.

10살 영어 그림책 읽기에 관해 정리하자면, 영어책 읽기를 정식으로 시작하기 전 얼마간 소리에 익숙해지는 시기를 가지고 난 후 1년 차에는 음원을 들으면서 영어책 읽기 습관을 들이고 2년 차에는 리틀팍스로 영어에 계속 노출하면서 팝송 부르기, 사전 읽기, 번갈아가며 소리내어 읽기, 동시통역하기 등 말로 내뱉는 활동을 꾸준히 조금씩 하는 것이다. 만약 10살이 넘었다면 굳이 소리 노출 기간을 잡지 않고 바로 영어 그림책 읽기와 소리 노출을 동시에 하는 것도 괜찮다. 영어 자막이 있는 애니메이션을 보고 음원을 들으면서 영어 그림책을 읽으면 자연스럽게 소리 노출이 되기 때문이다. 이후에는 읽기가 말하기와 쓰기에 연결되도록 소리 내서 낭독하는 것과 영어 일기 쓰기를 시도하는 것이다. (이미 말하기로 이어지는 낭독의 효과와 영어 일기 쓰기를 통한 영어 실력 향상에 관한 책들은 시중에 나와 있어서 더 언급하지는 않겠다.)

아이가 처음 영어를 접한 때	어린이집 영어 방과 후		
영어 노출부터 책 읽기까지	영어 노래 듣기, 애니메이션 시청 (9살) ▶ 영어 그림책 (자기 전 1-2권) ▶ 권수 늘려가기		
	문법 공부, 영어 일기 쓰기 ◀ 번갈아가며 읽기, 동시통역하기, 낭독 ◀ 리틀팍스, 팝송 부르기, 사전 읽기		

왜
10살인가

내가 10살에 영어 그림책을 읽어주기 시작한 이유는 단순하다(고 썼으나 연구에 기반한 근거가 있다). 3학년부터 영어가 학교 교과로 들어가 있기 때문이었다. 영어가 3학년에 교과로 들어가 있는 이유는 언어학자, 교육학자, 뇌과학자들이 만 9~11세가 제2외국어를 시작하기에 좋은 시기라고 이미 수많은 연구로 밝혀냈고 그에 따라 교육부에서 영어를 3학년 정식 교과로 편성했기 때문이다. 이런 배경을 모르는 사람들은 왜 영어 교과를 더 일찍 넣지 않냐고 한다. 영어는 무조건 일찍 시작해야 한다는 편견 때문에 일어나는 일이다.

앞서 이야기했지만, 무조건 영어를 일찍 시작해야 한다는 편견은 이민 간 아이들이 같이 간 부모들보다 영어를 잘하기 때문에 생겨났다. 그러나 아이들이 성인보다 영어를 잘하는 이유는 노출량의 절대적인 차이 때문이다. 아이들은 학교에 가고 거의 대부분의 시간을 영어밖에 못 쓰는 환경에 놓이게 되지만 부모들은 그렇지 않은 경우가 훨씬 많기 때문에 영어 노출량이 아이들에 비해 절대적으로 부족하다. 이런 상황은 고려하지 않은 채 무조건 어릴 때 언어를 배우기 시작해야 한다고 생각하는 것이다. 그리고 유창하게 영어를 잘하는 (것처럼 보이는) 사람들이 어렸을 때 외국에서 살다 오거나 영어를 쓰는 환경에 노출되었던 사람들이어서 어릴 때 무조건 영어를 배워야 한다고 생각하는데, 그것은 결국 노출된 양의 차이에서 기인하는 경우가 대부분이지, 영어에 노출된 연령이 낮아서가 아니다.

적기 교육을 이야기하는 분들 중에도 유치원에 들어가는 6~7살 또는 학교에 입학하는 8살이 적기라고 생각하고 그때 시작해야 한다고 주장하는 사람들도 있지만 나는 여전히 10살이 좋다고 생각한다. 영어 그림책 읽기를 10살에 시작한 이유도 10살에 학교에서 본격적으로 영어를 배우기 때문에 자연스럽게 동기 부여가 된다고 생각했기 때문이다. 실제로 그러했다. 영어책 읽기를 시작했을 때 아이는 종종 학교에서 배웠던 것을 이야기하곤 했다. 책으로 읽은 것과 관련 있는 내용이 수업에 나오기도 했고, 수업에서 배운 표현이 책에 나오기도 하면서 내가 책을 읽어야 한다고 강요하지 않아도 자연스럽게 영어 그림책을 읽었다.

10살에 그림책을 읽기 위한 준비로 9살부터 소리 노출에 들어간 것도 잘한 점이라 생각한다. 문자는 소리로 해당 언어를 이해하고 있을 때 교육하는 게 언어를 배우는 순리에도 맞고 효과적이기 때문이다. 그리고 8살엔 아이가 초등학교에 들어가서 여러 모로 버거울 수 있는 시기다. 놀이 중심으로 지내던 아이가 초등학교 입학부터 학습 중심으로 생활이 바뀌다 보니 몸과 마음에 영어를 배울 여유가 없다. 10살 이전에 영어를 미리 공부하는 것이 10살에 시작했을 때에 비해 그렇게 효과적이지도 않다. 아이의 이해력과 국어 능력에 따라 영어 학습 능력도 비례하기 때문이다. 6~7살에 시작하는 경우에는 이미 자신이 잘 구사하는 언어를 두고 모르는 언어로 책을 읽는 것에 대해 거부하는 경우들이 적지 않기 때문에 이 시기에 영어 노출을 시작하는 것도 고려하지 않았다.

10살에 시작하는 영어 그림책 읽기의 좋은 점

10살에 영어 그림책을 읽어서 좋은 점은 일단 독서 전, 독서 후 활동 같은 걸 안해도 된다는 것이다. 아이가 어릴수록 아이에게 영어에 대한 홍미를 일으키기 위해 미술과 연계해서 영어 그림책 읽기를 많이 들 한다. 그리고 이해시키기 위해 단어 카드도 만들고 외우게 하려고 교구를 활용하거나 노래, 율동 등을 이용한 활동을 많이 한다. 그런 활동들이 엄마들을 얼마나 지치게 하는가. 어린 아이일수록 집중력이 떨어지기 때문에 쏟아야 하는 기운은 더 크다. (그래서 나도 아이들 수업은 잘 안 한다. 힘이 많이 드니까.) 우리 집에서는 그런 독서 전·후 활동을 거의 안 해봤다. 10살인 아이는 이야기를 읽어주기만 해도 내용을 이해하고 기억했다. 이야기만 재미있으면 되었고, 몇 번 비슷한 단어가 나오면 쉽게 단어를 기억하거나 응용했다. 10살이기에 가능했다.

10살에 시작한 책 읽기의 또 다른 좋은 점은 학교 교과와 적절히 수준을 맞출 수 있다는 것이다. 어릴 때 영어 교육을 받기 시작한 아이들은 3학년 때 학교에서 시작하는 영어 수업이 시시하다고 한다. 입학 전에 한글을 떼고 들어간 아이들이 입학해서 한글 배우기를 지겨워하는 것과 마찬가지다. 영알못이었던 우리 아이조차 영어 시간에 알파벳 배우는 게 유치하다고 할 정도였다. (정작 자신은 알파벳을 정확하게 다 모르고 3학년이 되었으면서도!) 그런데 수업은 알파벳을 배우면서 원어민이 영어로만 수업을 한다는 함정이 있다. 영어를 하나도 모르면 수업을 이해할 수 없는 상황이 생기는 것이다. 그래서 3학년 교과가 시작되기 전에 어느 정도 소리 노출은 시작하는 게 좋겠다는 생각을 했다. 2학년부터 소리 노출을 시작한 아이는 말은 잘 못하지만 원어민 선생님의 말을 꽤 많이 이해했다. 아이가 전해주는 영어 수업 이나 영어 캠프 장면 묘사는 꽤 재미있었는데, 1학년 때부터 방과 후 영어 수업을 들은 아이들보다 우리 아이가 원어민 선생님 말을 더 잘 이해해서 아이들이 맨날 자기한테 선생님이 뭐라고 이야기했냐고 물어본다는 것이었다. 아이는 영어에 대해 자신감이 있지만 수업을 지루해하지 않는 상태였고 자연스럽게 영어는 좋아하는 시간이 되었다. 1년이 지난 지금은 학교에서 배우는 영어가 너무 쉽다고 하는 정도가 되었다.

10살에 영어 그림책을 처음 읽어주라고 하면 대부분 너무 늦는 거 아니냐고 한다. 영어 그림책에 관해 영어 교육 전문가로 자처하는 사람들이 쓴 책이 최근에 꽤 나왔는데 그 책들에서도 어릴 때 시작할수록 좋다고 말한다. 사교육계 종사자들이 전문가 타이틀을 내세워 어릴 때부터 책을 읽어주라 하니 부모들은 시기를 놓친 것 같아 겁이 난다. 나도 처음 영어 독서 모임에 갔을 때 10살인데 아직 책을 읽어 준 적이 없다고 했더니 (내가 영어 강사인 줄 모르는) 강사분이 나에게 좀 늦었다며 보였던 눈빛이 기억난다. 그렇지만 영어에 관해선 어느 정도 자신이 있었던 나는 그 말과 눈빛에 불안해하지 않고 아주 얇고 쉬운 책부터 매일 세 권씩 읽어주기 시작했고, 3개월이 지난 후 그 강사분은 나와 내 아이가 함께 영어 그림책을 읽는 동영상을 보고 "정말 10살에 시작한거 맞냐"며 놀라워했다.

불안해하지 않고 꾸준히 하루에 20분씩만 아이와 함께 영어 그림책을 읽으면 10살에 시작해도 절대 늦지 않다.

영어 만화에
자막 없이 퐁당

아이가 초등학교 2학년이 되면서 영어 노출을 시킬 때가 되었다는 생각을 했다. 그런데 어떻게 시작을 해야 할지 고민되었다. 6살인가 7살 정도 되었을 때 영어로만 된 만화를 틀었다가 아이가 무슨 내용인지 모르겠다며 한글로 보여 달라고 시위를 한 적이 몇 번 있었기 때문이다. 영어 동요도 마찬가지였다. (이런 현상을 일부 엄마표 영어책에선 '거부 반응'이라고 하고 자녀가 아주 어릴 때부터 영어 노출을 하지 않은 많은 엄마들이 이런 현상을 겪기 때문에 영어는 어릴 때부터 노출해야 한다고 주장한다. 그러나 이러한 반응은 한글로 즐기던 것들을 알아듣지 못하는 영어로 해야 하는 아이 입장에서는 당연히 나올 수 있는 것이고, 초등학교 2~3학년이라면 동기 부여를 통해 충분히 극복할 수 있는 현상이라고 생각한다.)

어느 날, TV를 잘 안 보던 내가 집에 설치된 IPTV 채널을 이리저리 틀어보다가 IPTV에 유튜브 채널이 있다는 것을 알게 되었다. 마침 거기에는 3세 아이들을 위한 영어 만화를 모아놓은 콘텐츠가 있었다.

영국에서 만든 〈POCOYO〉라는 만화가 눈에 들어왔다. 7분 정도 되는 만화 〈POCOYO〉의 주인공들은 말을 못 하고 의성어 같은 소리만 조금 내는데, 대신 내레이터가 "What is in that box?" 하고 물어보면 시청자들을 대신하여 아이들 목소리가 "Toy!"라고 대답하는 식으로 이야기에 대한 부연 설명을 한다.

'이거다!' 싶긴 했으나 아이가 너무 유치해서 잘 볼지 걱정스러웠다. 그런데 웬걸, 딸은 〈POCOYO〉에서 눈을 떼지 않았다. 영어도 모르는 애가 재미를 느낄까 싶은 생각에 슬쩍 물어봤다.

"어때? 유치하지 않아?"

아이는 "재미있어"라는 한마디를 던지고는 계속 텔레비전에서 눈을 떼지 않았다.

그때부터 아이의 흥미를 유지시키기 위한 노력에 들어갔다. 재미있게 보는 〈POCOYO〉를 하루에 30분에서 1시간 정도 매일 보기 시작한 것이다. 한 2주일 정도 지나 이 시리즈의 모든 에피소드를 섭렵할

즘 〈Peppa Pig〉를 알게 되었다. 〈POCOYO〉를 통해 100% 영어여도 이해가 된다는 마음이 들었는지 아이는 자연스럽게 〈Peppa Pig〉로 넘어갈 수 있었다. "나는 영어 만화도 보는 아이야~"라는 자신감을 심어준 게 아닐까 싶다. 그전에는 엄마가 만화를 잘 안 보여주는 편이었는데 영어 만화는 상대적으로 많이 보여주니까 영어 만화라도 계속 보고 싶어서였는지도 모르겠다.

〈Peppa pig〉는 돼지 가족의 일상에서 일어나는 일을 그린 11~13분 가량의 만화인데 아기 돼지들이 하는 일들이 귀엽고 아이들이 하는 행동과 비슷한 것도 많이 나와서 어린 아이들부터 초등 저학년들이 좋아하는 만화다. 우리 아이 역시 한참 〈Peppa pig〉를 보았다. 〈POCOYO〉보다는 오가는 대화가 훨씬 많기 때문에 Peppa pig를 보면서부터 아이는 (말로 내뱉지는 않았지만) 자주 나오는 표현들 – 예를 들면 "Can we go out to play?" – 을 익히기 시작했다.

영국 액센트도 훨씬 강해서 미국 영어에 익숙한 나는 오히려 집중해서 들었지만, 영어 노출 자체가 거의 처음인데다 〈POCOYO〉로 시작한 아이에겐 전혀 문제가 되지 않는 것 같았다. (영어가 전세계 공용어이기 때문에 다양한 나라의 영어 액센트에 익숙해지는 게 좋다고 생각하는 편인데다 한국에선 아무래도 미국 영어를 중심으로 배우기 때문에 일부러 Rita and crocodile, Ben and Holly's little kingdom, Charlie and Lola 등 영국 만화들을 많이 보여줬다.)

영어 애니메이션을 선택하는 요령

유튜브에도 어린이를 대상으로 한 영어 교육 콘텐츠가 많다. 나 역시 한참 유튜브로 만화를 보여주다가 우연히 IPTV에서 아이들 영어 만화를 무료로 볼 수 있다는 것을 발견한 뒤로는 자연스레 VOD를 보여주게 되었다. VOD는 확실한 장점이 있다. 하나의 영상이 끝나면 다른 영상으로 자연스럽게 넘어가서 아이가 집중해서 볼 수 있다. 또한 유튜브처럼 하단에 다른 동영상 목록이 뜨지 않아 하나의 영상을 진득하게 볼 수 있다.

VOD에는 엄마표 영어에 관심 있는 엄마들이라면 누구나 아는, (그러나 나는 생판 처음 접했던) 〈Max & Ruby〉, 〈Authur〉, 〈Milly, Morry〉, 〈Chalrie & Lola〉 외에도, 디즈니 주니어 채널에서 나오는 〈Doc McStuffins〉, 〈Mickey Mouse Club House〉 등 한국어로 보았던 만화들도 있었다. 그야말로 영어 만화의 보고였다. 영어 만화가 많다는 사실을 발견하고 나는 아이 몰래 한국어 만화 채널을 모두 숨김 채널로 바꿨다. 영어 만화에 빠진 아이는 한국어 만화 채널이 사라졌다는 사실도 모른 채 매일 매일 영어 만화를 봤다.

아이는 디즈니 주니어 채널에서 한국어로 봤던 만화보다 처음 보는 만화들을 더 좋아했다. 알아듣지도 못하면서 그 만화들을 더 좋아하는 게 신기했다. 어쨌든 처음엔 나도 아이 옆에서 같이 보았는데 보다 보면 나는 다른 걸 하거나 잠이 들기 일쑤인 반면 아이는 만화에 쏙 빠져들어 한 시간이 넘게 볼 때도 있었다. 그렇게 6개월은 영어 만화를 보면서 행복한(!) −아이는 만화를 보고 나는 나대로 하고 싶은 것을 하는− 나날을 지냈다.

아쉽게도 IPTV 영어 VOD 서비스가 유료로 전환되어 어쩔 수 없이 유튜브로 돌아가 IPTV로 보던 VOD들을 찾아서 보았다. 처음엔 내용 이해가 안 가는 게 많을 때라 소리에 익숙해지라는 차원에서 한글 자막으로도 많이 봤다. 이 방법은 효과적이지 않다고 말하는 사람들도 있지만, 북유럽 친구들의 영어 학습 방법을 물었을 때 자막이 달린 영어 영상을 보고 자랐다고 했던 기억도 나고, 일단 목표는 영어 소리 자체에 익숙해지는 것이었기에 자막이 필요하다고 생각하면 한글 자막과 함께 만화를 보여줬다.

그렇게 6개월간은 소리에 익숙해지는 시간을 가졌고, 자연스럽게 영어 소리에 익숙해지면서 자막 없이 시청하는 것으로 (아이가 모르게) 옮겨갔다. 학습은 전혀 하지 않았다. 그저 학교 다녀와서 쉬면서 1시간 정도 영어 만화를 보거나 다른 놀이나 활동을 하면서 틈틈이 보는 게 영어 노출의 전부였다.

동영상은 〈POCOYO〉를 시작으로, 〈Peppa Pig〉를 보고(1단계) 그 다음에 〈Max&Ruby〉, 〈Toopy & Binoo〉, 〈Wibbly Pig〉, 〈Word

World〉, 〈Alphablocks〉, 〈My friend rabbit〉(2단계)를 보는 것을 추천한다. 내레이션이 많거나 주고 받는 대화 속도가 느린 만화들이다. 이 만화들에 익숙해지면 그 다음에 〈Charlie & Lola〉, 〈Milly, Molly〉, 〈Authur〉(3단계) 등으로 넘어가는 게 좋다. 이 만화들은 대사도 많고 말의 속도, 대화를 주고 받는 속도도 빠르다. (참고로 3단계 만화만 해도 대화가 굉장히 빠르기 때문에 이 만화들을 볼 때는 재생 속도를 0.8배속으로 약간 느리게 해서 봤다.)

만화를 선택할 때 중요한 것이 하나 있다. 바로 '화면과 대사가 일치하느냐' 하는 점이다. 화면은 거의 바뀌지 않는데 대사가 많다면 그림과 대사가 일치하지 않기 때문에 보는 아이가 내용을 이해하지 못할 확률이 많다. 따라서 화면과 대사가 함께 전환되는 만화를 골라야 한다. 가능한 그런 만화들을 추천 목록에 넣었다.

단계별 추천 영어 만화

1 단 계	POCOYO	- 귀여운 아이와 동물 캐릭터들 - 아저씨의 내레이션이 이야기를 이끌어감 - 영국 영어
	Peppa Pig	- 귀여운 돼지 가족과 동물 친구들의 일상 - 대화가 짧고 내레이션이 반복적으로 상황을 정리해줌 - 영국 영어
2 단 계	Max & Ruby	- 토끼 남매의 일상 - 대화와 화면 전환이 거의 같은 속도로 이루어짐 - Peppa pig에 비해 문장이 약간 길고 복잡해짐 - 미국 문화에 대해 알 수 있음
	Toopy & Binoo	- 생쥐 Toopy와 친구 Binoo에게 일어나는 일 - Binoo는 말을 안 해서 대화가 적은 내레이션 만화 같은 효과
	Wibbly Pig	- 생기발랄한 돼지들의 이야기 - 돼지들 사이의 대화는 짧고 쉬운 편 - 내레이션과 소녀의 대화로 단순해지기 쉬운 이야기를 재미있게 이끌어감.
	Word World	- 알파벳 나라 친구들의 이야기 - 글자가 모여 단어가 되는 순간 사물이나 동물로 표현되어 파닉스 기초와 단어를 배울 수 있음 - 주로 대화로 이루어지지만 대화 속도가 빠르지 않은 편
	Alphablocks	- 알파벳 글자들이 주인공으로, 알파벳과 파닉스 기초를 배울 수 있음 - 대화 속도는 빠르지 않은 편
	My friend rabbit	- 토끼와 친구들의 일상을 그린 만화 - 내용이 교훈적 - 대화의 양이나 속도가 적당한 편
3 단 계	Charlie & Lola	- 조금은 특이한 동생과 동생을 잘 챙기는 오빠의 일상 이야기 - 말하는 속도가 아주 빠른 편은 아니지만 문장이 단문보다 길고 대화의 양이 많은 편 - 영국 영어
	Milly, Molly	- 초등학생 Milly와 Molly 그리고 주변 사람들에게 일어나는 일상 이야기 - 대화가 많고 대화 속도도 빠름
	Authur	- 토끼 Authur와 친구 동물들이 학교를 중심으로 이어가는 이야기 - 대화가 많고 대화 전환 속도가 빠름

아이들마다 흥미를 느끼는 만화들이 다른데, 언급한 만화들을 기준 삼아 말의 속도나 대사의 양을 참고하여 자신의 아이가 좋아하는 주제의 만화를 찾아보면 될 것 같다. 유튜브로 만화를 검색해서 보면 유튜브 알고리즘에 의해 비슷한 수준의 만화들을 추천해준다. 나는 아이가 없을 때 미리 만화들을 검색해서 아이가 좋아할 만한 것들을 추려서 하나씩 보여주고 좋아하는 만화를 시리즈로 이어 보게 하는 방법을 주로 쓴다.

영어 만화를 보여줄 때 반드시 주의해야 할 것이다. 영어에 노출 시킨다고 처음부터 무작정 〈토이 스토리〉나 〈겨울 왕국〉 같은 디즈니 애니메이션을 보여주면 안된다는 것이다. 디즈니 애니메이션은 말이 너무 빠르고 화면 전환도 너무 빨라서 효과적이지 못하다. 단순하게 시간 때우기가 되기 십상이다.

영어, 학습이 아닌
게임으로 시작!

10개월가량 영어 만화만 보고 별다른 학습은 없는 상태로 아이는 10살을 맞이했다. 3월이면 학교에서 정식 교과로 영어를 배울 테니 해가 바뀌는 순간 이제 슬슬 알파벳이랑 I, She, have, make 같은 기본 단어들은 알려줘야겠다고 생각했다. (딸이 알파벳을 하나도 모르는 것은 아니었다. 대문자는 알지만 소문자를 거의 몰랐고 단어는 어린이집에서 배웠던 동물이나 과일 이름, 색깔 정도만 아는 상태였다.) 일방적인 학습이 아닌 아이가 즐겁게 영어를 배울 수 있게 해주어야 한다는 생각을 가지고 있었지만, 내가 직접 플래시 카드를 만들거나 활동을 준비하지는 않았다. 특별한 이유가 있다기보다는 사실 너무 귀찮았다.

영어 학원에서도 일해봤고 테솔도 했으니 활동지를 만드는 일이 크게 어렵진 않았다. 그렇다고 그걸 매번 만들 수는 없지 않나. 솔직히, (영어 선생님이거나 통번역가가 아닌) 영어와 관계성이 적은 평범한 엄마들은 활동지를 만들 아이디어도 방법도 여유도 없지 않을까?

"엄마가 영어를 잘하니까, 엄마가 영어 선생이니까 당연히 애가 영어를 잘하지!"라는 소린 듣고 싶지 않았다. 영어는 언어일 뿐이고, 모국어를 이미 할 줄 아는 이상 외국어도 잘할 수 있는 것이라고 생각했기 때문이다. (사람마다 언어를 잘한다는 기준은 다르겠지만, 내 기준에서 일상 생활을 하는 데 크게 어려움이 없는 정도의 영어를 구사하고 학교 공부를 따라갈 수 있는 정도면, 자막 없이 영화를 보았을 때 70% 정도 이해를 한다면 충분히 영어를 잘하는 것이라고 생각하는데, 누구나 확실한 동기와 목표가 있고 3개월에서 1년 정도 집중하면 그 수준에 도달할 수 있다고 본다.) 한편으로는 자신의 실력과 불안감 때문에 아이를 학원에 맡기기로 한 엄마들에게 다른 방법도 얼마든지 있다는 것을 보여주고 싶었다. 어쨌든 아이가 영어를 배울 수 있게는 해야 하는데, 딱히 확실한 방법이 떠오르지 않았다. 그렇게 고민하는 가운데 시간은 점점 흘렀다.

그러던 중 우연히 듀오링고Duolingo라는 언어 학습 앱에 대한 기사를 읽게 되었다. 원어민이 아닌 미국의 대학 교수가 언어를 배울 수 있는 앱을 만들었는데 영어뿐만 아니라 다른 여러 나라의 언어를 무료로 배울 수 있는 앱이었다.

갑자기 스웨덴에 잠깐 살았던 경험이 떠올라 앱을 다운받고 스웨덴어가 있는지 찾아보았다. 앱에는 스웨덴어뿐만 아니라 무수한 언어들이 있었다. 스웨덴에선 영어만 써도 충분히 생활이 가능했던 터라 스웨덴어를 하나도 모르는데 정말 스웨덴어를 배울 수 있을까? 어떻게 배우게 되는 걸까?

언어를 습득하게 만드는 방식이 궁금해서 시작했는데 듀오링고 앱은 단순하지만 직관적인 방식으로 언어를 배울 수 있게 되어 있었다. 일단 단어를 주고 여러 개의 보기를 준 뒤 뜻을 맞춰보게 한다. 단어를 매칭하면서 뜻을 알게 될 즈음에 소리 내서 단어를 읽어보게 하고 단어들을 연결하여 문장을 만들게 한다. 그리고 문장을 읽어서 연습하도록 한다. 이런 식으로 해서 10분 만에 스웨덴어 단어를 10개 정도 배웠고, 3개 정도의 문장도 말할 수 있게 되었다.

친구들과 놀이하듯 자연스럽게!

스웨덴어 작동 방식을 보고 나니 '이런 식이라면 우리 아이도 영어를 금방 배우겠는데!' 싶었다. 문제는 지속할 수 있게 하는 동기가 필요하다는 거였다. 어떻게 할까 고민하다가 '아이와 나이가 비슷한 또래

들을 엮어서 카톡방에 묶어놓고 매일매일 인증샷을 찍어 올리게 한다음, 100일 동안 열심히 한 사람에게 보상을 해준다고 하면 지속적으로 하지 않을까?' 하는 생각이 들어, 당장 우리 아이를 포함한 초등학교 아이들 5명을 묶어 카톡방에 초대했다. 그리고 톡을 던졌다. "이거 석 달간 열심히 하면 한 명당 문화상품권 5만 원씩 줄게!"

아이들은 열광했다. 게임만 열심히 해도 (엄밀히 말하면 영어 학습이지만) 문화상품권을 5만 원이나 받을 수 있다고 하니 아이들 입장에서는 안할 이유가 없었고, 단톡방에 매일 인증샷이 올라오다 보니 까먹지도 않고 경쟁심도 살짝 작동했다. 게임 방식으로 하다 보니 아이들은 학습이라는 생각보다는 게임이라고 생각했던 것이다. (듀오링고는 매일 하면 "3일 연속 목표 달성~" 이런 식으로 표시가 나오고 보상으로 보석을 모을 수 있게 해준다. 보석은 듀오링고에서 문제를 틀렸을 때 생명력이 줄어드는데 생명력을 다시 불어넣는 데 쓰이는 아이템이다.)

아쉽게도 거의 석 달이 될 무렵 연속 게임(학습) 일수가 제일 높았던 아이가, 연속 70일에서 무너져서 1일이 되는 순간 의욕을 잃어 안한다고 선언했고, 다른 애들도 우르르 중도 포기를 선언했다. 그 바람에 100일 프로젝트는 무산되었다. (나로서는 다행이었다. 애들이 다 성공했으면 순식간에 25만 원이 나갈 뻔했으니…) 그렇지만 3개월 동안 아이들은 거의 날마다 10~15분씩 영어를 듣고 말했다. 그 과정에서 우리 아이는 자연스럽게 영어의 어순이 우리말과 다르고 We, She, It, and, but, see, make 등의 사이트 워드^{Sight word}(책에서 가장 빈번하게 나오는 100여 개의 단어)도 알게 되었다. 내가 직접 가르치지 않고 혼자 재미있게 배웠으니 그만큼 큰 수확이 어디 있을까.

앞서 링크를 걸어둔 기사에 따르면, 듀오링고를 34시간 했을 때 얻는 효과는 대학에서 한 학기 동안 외국어 강의를 듣는 것과 맞먹는다고 한다. 애들이 하루 평균 15분씩 80일간 듀오링고를 했다고 가정했을 때, 아이들은 20시간의 외국어 강의를 들은 것과 같다. (15분x80일 = 1,200분 = 20시간) 과연 우리 애들이 20시간 동안 학원이나 학교에서 강의를 들으라고 했으면 이렇게 재미있게 했을까?

요즘 우리 아이는 영어책 읽는 걸 더 좋아해서 듀오링고는 쳐다보지도 않지만, 나에게 듀오링고는 여전히 고마운 존재라 차마 핸드폰에서 지우지 못하고 있다. (신기하게도 마침 듀오링고 앱에서 계속해서 학습을 이어가라는 푸쉬를 보냈다.)

영어책 한 권을
외워버리다

한동안 나는 월요일마다 밤늦게까지 세미나를 하고 딸이 자고 있을 때 돌아왔다. 그래서 아이는 종종 화요일 아침에 눈을 뜨자마자 그 전날 못 나눈 이야기를 하곤 했다. 언제가 화요일 아침도 그랬다.

"엄마! 글쎄, 엄마가 읽어준《Brown Bear, Brown Bear, What Do You See?》 있잖아, 그거 노래가 있는 거 있지! 영어 시간에 선생님이 틀어줬는데 다 아는 내용이었어." (나는 이미 노래가 있는 걸 알고 있었지만, 아이가 에릭 칼 책을 별로 좋아하지 않아서 -에릭 칼의 책은 보통 엄마들이 좋아한다- 노래까진 들려주지 않았었다.)

말을 끝내기 무섭게 딸은 졸린 눈을 다 뜨지도 못한 채 노래를 불렀다.

"Brown bear, brown bear, what do you see? I see a red bird looking at me. Red bird, red bird, what do you see? I see a yellow duck looking at me."

아이는 yellow duck이 blue horse가 되고 blue horse가 green frog가 되고 고양이, 개, 양, 금붕어, 선생님이 다 나올 때까지 노래를 불렀다. 완곡한 것이다. 그러더니 노래를 틀어보라고 했다. 자기가 부른 순서가 다 맞을 거라나. 학교 보낼 시간이 다가와서 등교 준비부터 하라고 하니 얼른 유튜브에서 노래를 찾아보라고 닦달하기까지 했다. 결국 노래를 찾아서 틀었더니 한 소절 끝날 때마다 "여기까진 맞았고 ~"를 추임새처럼 넣었다. 놀랍게도 아이는 노래를 토씨 하나 틀리지 않고 불렀다. 그건 책 한 권을 외운 것과 같은 거였다. (《영어책 한 권 외워 봤니?》라는 베스트셀러가 있는데 우리 아이는 영어 배운 지 3개월 만에 벌써 해버렸다!)

만약 아이한테 5~6살 때 이 노래를 외우라고 시켰으면 얼마나 많은 노력을 해야 하고 시간은 또 얼마나 걸렸을까. 10살인 아이는 노래를 외울 생각도 없었는데 너무 쉽게 그리고 자연스럽게 노래를 외웠고, 부르면서 즐거워했다. 흔히들 언어는 이르면 이를수록, 늦어도 7살 전에 영어를 접하게 해줘야 한다고 말한다. 그러나 최근의 많은 연구 결과는 9~10살이 외국어 배우기를 시작하기에 가장 적절하다고 한다. 캐나다의 연구 결과에 따르면, 캐나다 아이들이 프랑스어를 배울 때 7살에 4,000시간 걸려서 배우는 것을 10살 아이들은 2,000시간 만에 배운다고 한다. 학교에서 영어를 정식으로 배우기 시작하는 학년을 3학년으로 잡은 것에는 다 이유가 있다.

앞에 잠깐 언급한 어느 엄마표 영어 하는 분의 블로그 포스팅이 생각난다. 태교부터 영어로 시작해서 아이가 태어났을 때부터 쭉 영어 동요를 틀어줬고, 말도 영어로 걸어줬으며, 영어책을 읽어줬더니 7살이 되니까 스스로 영어책을 읽더라는 것이다. 그 영어책은 "I see a white dog." 정도의 문장이 나오는 AR 0.6 이하의 수준(미국 유치원 6개월차에 읽는 책 수준)이었는데, 그것은 우리 아이가 영어책을 접하고 일주일 만에 읽은 것과 같았다. 그 엄마가 7년간 아이와 밀당을 거듭하며 스트레스 받으며 꾸준히 엄마표를 이어갔던 것에 비하면 나는 거저 한 셈이다.

할 수 있다면, 그리고 좋아한다면 엄마가 아이에게 영어로 말을 걸고 영어로 동요를 같이 부르는 게 나쁘지 않다. 그러나 그럴 수 있는 엄마들이 얼마나 될까? 많은 엄마들이 아이를 학원에 보내지 않고 자연스럽게 영어를 습득하게 하고 싶어 하지만, 그렇게 못하는 이유는 엄마표 영어 방법들이 요구하는 게 과도하게 많기 때문일 것이다. 그나마 몇 년 전에는 한글 떼고부터 영어책 읽어주라고 했는데, 요즘은 태교부터 영어로 하라고 하니 놀라울 뿐이다.

그것이 엄마표 영어라면 나는 게으르고 귀찮다. 나라는 사람이 게으른 게 아니라 내가 하고 싶은 일을 다 제쳐두고 아이의 영어 환경을 만들어주는 데 올인하는 것에 게으르고 귀찮을 뿐이다.

잠깐 영어 센터에서 일한 적이 있었는데, 그때 정말 아이의 영어를 위해 열심인 엄마들을 보았다. 그런데 그 열심이 아이에게 투사되는 욕망인 것을 적나라하게 보게 되었을 때, 그래서 부모의 욕망을 만족시키기 위해 아이들이 고통받는 것을 보았을 때 정말 이건 아니라고 생각했다. 영어뿐만 아니라 다른 것에서도 마찬가지다. 부모의 욕망이 아이에게 투사될 때, 아이들이 괴로워하고 엇나가는 걸 우린 수도 없이 보지 않았나. (화제가 되었던 〈SKY 캐슬〉이라는 드라마가 이 부분을 정말 잘 보여줬다고 생각한다.)

아이와 엄마가 즐겁게 영어 공부를 하기 위해 지켜야 할 것

아이에게 내 욕망을 투사하지 않기 위해서는 나와 아이를 분리하고, 나 자신을 위해 쏟는 시간과 에너지가 필요하다. 시중의 많은 엄마표 영어는 그것을 허락하지 않고 아이에게 올인하게 만든다. 그 과정에서 엄마들도 무의식적으로 자신의 욕망을 아이에게 투사한다. 도서관을 몇 군데씩 돌면서 영어책 빌리느라, 집안일 하면서 틈틈이 노래 불러주고 책 읽어주느라 쉬지도 못한다. 이렇게 쉬지도 못하고 아이 영어를 위해 한 것들이 있으니, 내가 투입한 것에 대한 보상심리가 작동하지 않을 수 없다. 아이가 잘 따라오고 영어도 느는 게 보이면 다행인데, 반대의 경우 엄마들이 답답하다 못해 화가 나는 게, 그래서 애들을 잡는 게 당연하지 않을까? 대부분의 책에서 주장하는, 아이도 하나의 인격체이며 부모와 아이는 각기 다른 사람임을 인정하라는 말을 떠올리면 이런 식으로 부모의 욕망을 아이에게 투사하는 게 얼마나 위험한지 깨닫게 될 것이다.

아이도, 엄마도 행복한 엄마표 영어는 과도하게 엄마의 에너지를 쏟지 않고 아이도 자연스럽게 즐기는 것에서부터 시작된다. 그건 아이에게 맞는 방법으로 적기에 시작할 때 가능하다고 믿는다.

엄마 따라쟁이 아이는,
엄마 따라 팝송 부르고 영어 그림책 읽는 중

요즘 아이가 자주 하는 놀이가 있다. 이상형 월드컵인데, 예를 들면 "엄마는 브라우니와 티라미수 중 어느 걸 고를 거야?"라고 질문을 던져서 최종 우승 아이템을 선정하는 거다. 만약 아이가 "음악과 영어 중 하나만 고르라"라고 하면 난 두말할 것 없이 음악을 고를 거다. "Music is my life."가 나를 설명해주는 문구 중 하나일 정도니. TV나 영상 보는 걸 즐기는 편이 아닌 내가 영화나 미드가 아닌 노래로 영어를 배우게 된 것도 당연한 것일 테다.

어쨌든 TV를 잘 안 보는 내가 최근 열심히 챙겨봤던 프로가 있는데 바로 〈비긴 어게인 3〉이라는 프로그램이다. TV 프로그램이지만 음악성 있는 가수들이 해외에서 버스킹을 하는 프로라서 챙겨보게 된 건데, 거기서 새로 듣게 된 노래들을 내 휴대폰 플레이 리스트에 저장해 놓고 듣는 일이 쏠쏠했다. TV를 잘 안 보는 내가 그 프로그램만은 열심히 챙겨보니 아이도 내 옆에서 볼 수밖에 없었다. 아이는 음악에 대한 관심이 상대적으로 적은 편이고, 무슨 이유인지는 잘 모르겠지만 영어 동요를 그다지 좋아하지 않아서 주로 내가 좋아하는 음악을 틀게 되는데, 비긴 어게인을 같이 보다 보니 거기서 나온 음악들을 계속 같이 듣게 되었다.

흥미로운 사실은 내가 제일 좋다고 생각한 노래를 아이도 자기 플레이 리스트에 떡하니 저장을 해놓았다는 거다. 그 노래가 바로 숀 멘데스^{Shawn Mendes}의 'There's nothing holding me back'이다. 가사는 대략 다음과 같다.

> I wanna follow where she goes
>
> I think about her and she knows it
>
> I wanna let her take control
>
> 'Cause every time that she gets close, yeah
>
> She pulls me in enough to keep me guessing
>
> And maybe I should stop and start confessing
>
> Confessing, yeah

하도 많이 듣다 보니 아이가 흥얼거리는 게 제법 그럴 듯했다. 아이에게 엄마랑 이 노래 같이 외우는 거 도전하지 않겠냐고 제안했더니 흔쾌히 응했다. 처음에는 같이 가사를 보며 정확한 단어의 발음을 확인했고, 해석을 찾아 뜻을 확인하며 노래를 들었다. 그러고 나서 3~4번 정도를 같이 불러보았다. 전혀 부담 갖지 않고 이 과정을 다 거친 아이는 팝송 하나를 술술 부른다. (어설프긴 하다. 유치원 다니는 아이가 가요 부르는 느낌이랄까.)

아이와 앞서 노래를 같이 부른 과정은 영어 수업 때도 종종 쓰이는 방법이다. 아이에겐 문법 설명을 하진 않았지만, 큰 틀에서 팝송을 통해 영어를 배우는 과정은 노래를 들어보고 해석해보고 문법이나 단어를 설명하고 함께 불러보고 그중 중요한 구절을 암기하는 식에서 벗어나지 않는다. 아이는 나와 했던 걸 과연 수업 또는 학습이라고 생각했을까.

요즘 내가 좋아하는 영어 그림책 작가는 단연 존 클라센^{Jon Klassen}과 크리스 호튼^{Christ Haughton}이다. 존 클라센은 《I want my hat back》, 《This is my hat》 등 Hat 시리즈로 유명한 작가다. 《This is my hat》으로 영국 케이트그린어웨이 상과 미국 칼테콧 상을 동시에 수상한 정말 유명한 작가다. 《A bit lost》, 《Shh》 등의 작품을 낸 크리스 호튼은 에즈라잭키츠 상과 영국 AOI어린이책 상 등을 받은 유명 작가다. 존 클라센의 작품은 반전도 있고 상상할 여지를 남겨두는 것들이 많아서 어른이 봐도 전혀 유치하지 않다. 크리스 호튼의 책은 아이가 어릴 때 한글책으로 만났는데 그때부터 마음에 들어 작가의 팬이 되었다. 호튼의 책은 좀 더 따스한 느낌이 있고 색감도 예쁘다. 반전도 있다. 읽을 때마다 새로운 재미가 있는 존 클라센과 크리스 호튼의 책을 아이도 좋아한다. 그래서 책을 골라오라고 하면 자주 이 두 작가의 책을 골라온다. 읽은 지 얼마 안 되어서 동시통역을 할 만큼 내용을 달달 외우고 있는데도 말이다.

다들 알다시피 언어 학습에서 반복은 중요하다. 유명한 언어학자인 스티븐 크라센Stephen Krashen이 《크라센의 읽기 혁명》이라는 책에서 주장하듯 EFL 환경에서 책을 반복해서 읽는 것은 가장 효과적인 학습 방법 중 하나다. 이런 걸 아는지 모르는지 (당연히 모르겠지!) 아이는 이미 여러 번 읽은 책을 들고 와선 시키지 않아도 자기가 소리 내서 읽고 나에게 설명해주기도 한다. 시간이 지나면 책을 보지 않고 영어로 책 내용을 이야기할 날도 올 것이다. 이 과정들 역시 영어 학원에서 하는 수업과 크게 다르지 않다. 문법과 단어 시험이 없다는 것만 빼고.

영어 공부를 하면서 아이와 취향 공유

아이는 내가 좋아하는 걸 따라서 같이 좋아하면서 자기도 모르게 꾸준히 영어 공부를 하고 있다. 억지로 시켜도 하지 않는 게 많은데, 영어 공부는 계속하게 되는 게 뭘까. 그건 결국 아이가 엄마 따라쟁이기 때문이다.

아이가 영어책을 읽기 시작한 지 6개월이 지난 무렵, 미국에 다녀올 때였다. 비행기에서 영어로 나오는 스누피 만화를 열심히 보고 있었다. 다른 유명하고 더 흥미진진한 만화와 영화도 많았는데 왜 하필 스누피였을까. 정답은 엄마인 내가 스누피 덕후이기 때문이다. 30년 동안 스누피를 좋아하다 보니 초등학교 때부터 모아 온 스누피 학용품, 인형 등이 (버린다고 버렸으나) 집안 곳곳에 있다. 아이의 이상형 월드컵 단골 질문 중 하나도 "내가 좋아, 스누피가 좋아?"일 정도다. 이러다 보니 어느샌가 아이도 자연스럽게 스누피를 좋아하게 되었다. 웃긴 건, 나는 스누피를 좋아하긴 하지만, 스누피 만화나 책을 열심히 들여다보진 않는다. 그냥 스누피 자체가 귀여워서 좋아하게 된 건데, 아이는 스누피 책과 만화를 섭렵하며 나보다 더 많은 것을 알고 있다.

엄마표 영어를 하면서 나와 아이는 점점 더 많은 것을 공유하고 함께 좋아하게 되었다. 팝송을 같이 부르고 만화도 같이 보고 책도 같이 읽는다. 따라쟁이 아이들은 엄마가 좋아하면 자신도 그걸 좋아하게 된다. (물론 아닌 아이들도 더러 있겠지만) 영어 그림책을 즐기며 읽는 엄마를 보는 것만으로도 아이는 지속적인 영향을 받을 것이다. 아이에게 하라고 강요하기보다 엄마가 먼저 책 읽는 모습을 보이는 것, 그것만으로도 성공적인 엄마표 영어는 시작되는 게 아닐까. 그리고 언젠가는 30년 덕후인 나보다 더 많이 스누피에 대해 아는 아이처럼 영어도 더 많이 알고 자유롭게 구사하게 되지 않을까.

Chapter 3

엄마표 영어의 첫 걸음

영어 그림책으로 시작하는
엄마표 영어의 좋은 점

평일 오전, 아이에게 외면 받은 리더스북 《리틀 크리터Little Critter》를 시도해보기로 했다. (외면 받은 이유는 단순히, 같이 빌려온 강아지 이야기 비스킷Biscuit 시리즈보다 그림이 예쁘지 않아서다.) "어제 이거 읽었는데 재미있더라, 읽어줄까?" 아이는 흔쾌히 좋다고 했다. 둘이 비스듬히 누운 채로 책을 들고 책을 읽어줬다.

"I have a good Kitty. She likes to sleep. I like to play. She likes to play. We play chase. My kitty is hard to catch. I trick her with some milk. Then I catch my kitty. She messes up my dad's newspaper. Dad says, "Bad Kitty!" … "

　3개월 전, 처음 아이에게 읽어줄 책을 도서관에서 고를 때만 해도 상상하지 못한 일이었다. 이렇게나 빨리, 저 정도의 책을 별다른 설명이나 해석 없이 읽어줄 수 있을지는 솔직히 몰랐다. 당연히 가능한 일이지만, 알파벳도 제대로 모르고 아는 단어라곤 과일과 색깔, 동물 몇 개밖에 없던 아이가 3개월 만에 이런 책을 깔깔거리며 읽다니. 물론 물리적으로 소리 내서 읽어주는 건 나다. 파닉스를 제대로 가르치지 않아서 읽을 줄도 모르니 당연히 읽어줘야 한다. CD나 MP3로 음원을 들으며 읽는 대신 엄마 목소리를 들으면서 읽는 것일 뿐. 파닉스를 가르쳐야 하는지에 대한 의견은 사람마다 다르다. 내가 좋아하는 국내파 이보영 선생님은 파닉스부터 가르치라고 했는데, 여러 사례를 지켜본 바로는 '케바케' 즉 케이스 바이 케이스다. 언제 시작했느냐에 따라 다르고, 아이의 성향에 따라 다르다. 이 부분도 나중에 따로 정리해볼 생각이다.

　엄마표 영어의 가장 좋은 점은 '학원비가 굳어서', '아이가 스트레스 받지 않아서'가 아니다. 가장 좋은 건 아이와 함께 책을 읽는 동안 생기는 '교감과 애착'이다. 3개월 동안 아이와 함께 영어책을 읽으면서 아이가 한글을 떼고 난 뒤 한동안 잊고 있었던 것을 순간순간 느꼈다. 바로 아이와 함께 책을 읽으면서 생기는 교감이었다. 예전의 난 아이에게 책을 읽어주는 것을 귀찮아했다. 그러다 보니 아이가 한글을 떼고 난 뒤로 책을 읽어준 일이 거의 없다. 한글을 떼기 전에도 아이에게 책 읽어주는 걸 즐기지 않았다. 좋아하지도 않으면서 매일 꾸준히 책을 읽어주었던 것은 아이의 언어 능력을 생각해서가 아니라 심한 우울증으로 고생하던 내가 아이에게 해줄 수 있는 게 그나마 무미건조하게라도 책을 읽어주는 것이었기 때문이다. 정말 겨우겨우 했다. 한참 자극이 필요하고 놀아주는 게 필요한 시기에 아이에게 책 읽기라도 안 해주면 죄책감이 너무 심해서 무슨 일을 벌일지 몰랐기 때문에 꾸역꾸역 책을 읽어주었다.

그러다 보니 아이가 읽기 독립을 이룬 뒤엔 거의 책을 읽어주지 않았다. 그렇게 5~6년 동안 아이와 책을 함께 읽은 일이 별로 없어서 책을 읽으면서 생기는 애착이 어떤 건지 까마득하게 잊고 있었다. 잊었다기보다는 애초에 느껴보지 못했던 것이었다. 아이가 어릴 때는 우울한 상태에서 숙제하듯 겨우 책을 읽어주었으니 애착 따위가 느껴지기나 했겠나. 영어 그림책을 읽어주기 시작하자 아이는 엄마가 책을 읽어주는 게 너무나 좋은지 피곤해도 밤마다 읽어달라고 했다. 장난끼가 발동해서 "엄마 너무 피곤해서 오늘은 영어책 못 읽어주겠어."라며 잠자리에 뻗어버리는 척하면 아이는 "딱 한 권만 읽어주면 안 돼요?"라고 사정사정을 했다. 그럼 난 못 이기는 척하며 몇 권을 더 읽어주었고, 아이는 딱 달라붙어 조잘댔다. 그 순간들이 개울에서 반짝이는 물결같이 느껴졌다.

엄마들이 엄마표 영어를 해볼까 하면서도 망설이는 지점 중 하나가 '난 영어를 못 하는데, 내 발음 안 좋은데'이다. 심지어 어떤 학원에선 절대 엄마 발음으로 아이에게 책을 읽어주지 말라고 한다(과장이 아니다. 친한 분이 '언니가 분당에서 아이를 영어 학원에 보내는데 거기서 그렇게 엄마들에게 가르친다'며 나에게 성토하셨다). 정말 어이없는 말이라고 생각한다. 좀 더 날것으로 이야기하자면, 그 학원 원장 진짜 무식하다. 이미 많은 연구와 사례가 엄마의 발음과 아이의 학습이나 발음은 상관없다는 것을 증명하고 있다. 아이가 엄마랑 책 읽는 시기는 극히 짧고 영어를 배우는 동안 아이는 원어민이 녹음한 자료들을 훨씬 더 많이 접하기 때문에 엄마의 발음이 아이에게 영향을 미치는 일은 거의 없다. 설령, 엄마 발음이 아이에게 영향을 좀 미친다고 하자. 엄마가 영어책을 읽어주면 원어민에 가까운 발음 따위와는 비교할 수 없는, 훨씬 더 중요한 '애착과 친밀한 관계'를 얻을 수 있는데, 그런데도 안 읽어줄까?

참고로, 우리나라가 유독 유창한 '미국식' 발음에 집착한다는 거. 영어에서 중요한 건 발음이 아니라 콘텐츠라는 걸 알면 좋겠다. 고 김대중 대통령은 원어민들에게 인정받는, 영어를 정말 잘하는 분이었다. 그러나 그분의 발음은 요즘말로 정말 '후지다'. 그런 후진 발음에도 불구하고 원어민들에게 영어를 잘한다는 인정을 받을 수 있었던 것은 그분이 전달하는 내용 때문이었다.

발음과 관련해서 재미있는 일화가 하나 있다. 내가 호주에서 단기 미디어 프로그램에 참여할 때였는데, 함께 한 참가자들의 80%가 미국인이었다. 나머지는 호주/영국인 그리고 유일한 동양인인 나였다. 프로그램 초기에 미국식 영어에 익숙한 내가 호주인들의 말을 못 알아듣겠다고 남부 루이지애나에서 온 미국인에게 이야기했더니 그 미국인이 이렇게 말했다. "나도 못 알아듣겠어. 다른 지방 언어 같아." 웃긴 건 그 남부 루이지애나 친구의 사투리도 심해서 미국인들끼리도 그걸로 서로 농담을 했다는 것이다. 그러나 아무도 이들의 발음을 가지고 뭐라고 하지 않았다. 그냥 그들이 사는 지역의 발음 특징이라고 인식할 뿐이었다. 스웨덴에 있을 땐 싱가포르 친구들이 있었는데 그들의 '싱글리쉬' 역시 사람들에게는 중국식 억양이 섞인 영어일 뿐이었다. 중요한 건 억양과 발음이 아니라 '어떤 내용을 말하느냐'다.

해줄 수만 있다면 엄마가 아이에게 주는 최고의 선물 중 하나가 함께 책 읽기가 아닐까. 요즘은 정말 그렇게 생각한다. 3개월간 영어 그림책을 읽어주며 얻은 깨달음이고, 늦게라도 깨달아서 감사하다.

엄마표 영어
어떤 책으로 시작할까

아이가 3학년이 되고 영어 수업을 시작하면서 책을 읽어줘야겠다고 생각했지만 어디서부터 시작해야 할지 막막했다. 유명하다는 엄마표 영어책을 몇 권 사다 읽어보긴 했으나 방대한 자료에 무력해졌다. 엄마표 영어는 그동안 내가 관심을 가져온 영어와 또 다른 세계였다. 영어랑 꽤 친하다고 생각했던 나도 이런데, 영어랑 거리를 두고 산 다른 부모들은 오죽할까 싶었다.

아이가 어린이집에 다닐 때 영어 도서관이 있다는 걸 알고 몇 번 간 적이 있다. 아이가 영어책에 관심을 가질까 싶어 책을 고르러 간 건데, 책이 너무 많아서 어디에 무슨 책이 있는지 찾아보는 것도 쉽지 않았다. 결국 대충 몇 권 써내 보다가 나오곤 했다. 너무 많은 정보는 오히려 의욕을 꺾는다는 걸 그때의 경험과 최근 엄마표 영어 책들을 보며 새삼 깨닫는다.

더 미뤄서는 안 될 시기가 오자, 일단 아이 손을 잡고 영어 도서관에 갔다. 어쨌든 아이가 거부감을 느끼지 않을 만한 쉬운 책을 골라야겠다는 생각에 얇은 책들이 보이는 쪽으로 갔는데, 엄마표 영어책에서 봤던 〈ORT^Oxford Reading Tree〉가 눈에 띄었다. 아이가 8살 때인가, 친하게 지내던 아이 친구 엄마가 자기 아이에게 시켰던 영어 프로그램들을 이야기해줬는데, 그중 하나가 가정 방문 교사가 와서 〈ORT〉를 가지고 수업하는 것이었다. 그땐 전혀 정보가 없던 터라 〈ORT〉가 뭔지도 몰라서 그냥 흘려들었는데, 엄마표 영어책을 읽다 보니 빈번하게 등장하는 〈ORT〉를 인지하게 되었고 도서관에서 책을 찾다 보니 눈에 띈 것이다. 역시 아는 만큼 눈에 보이는 게 맞다. 그렇게 눈에 띈 〈ORT〉를 가지고 아이와 영어책 읽기를 시작해보기로 했다.

〈ORT〉는 대표적인 리더스북이고 영어책은 크게 4가지로 나눌 수 있다. 아이들의 학습을 위해 일정 수준의 정해진 단어를 가지고 만든 리더스북^Readers Book, 리더스북에서 단행본으로 넘어가기 전 이야기를 몇 개의 장으로 나눈 챕터북^Chapter Book(주로 시리즈로 한 권당 페이지 수가 많지 많음), 단행본(소설책 두께의 책들. 단행본으로 엮은 시리즈도 포함), 그리고 픽처북이라고도 불리는 그림책이다(그림책은 책의 형태에 따라 보드북Board book, 플랩북Flap Book, 하드커버Hard Cover 등으로 나뉘나 여기서는 다루지 않으려고 한다). 순서로 따지면 리더스북을 시작으로 챕터북을 거쳐 단행본에 이르는 것이고, 그림책은 시작부터 끝까지 사이사이에 함께 읽어 나갈 수 있다. 한글 그림책도 어떤 것은 몇 단어 없고 어떤 것은 글이 제법 많아서 읽기 독립을 이룬 아이도 중간중간 수준에 맞는 그림책을 찾아 읽는 것처럼, 영어 그림책도 리더스북과 챕터북, 단행본 사이사이에 아이 수준에 맞는 것을 찾아 함께 읽어주면 된다.

표 | 영어책 3단계

〈ORT〉와 비슷한 리더스북으로는 〈I Can Read〉(An I Can Read로 불리기도 함), 〈Step into Reading〉, 〈Ready to Read〉 등의 시리즈가 있다. 아이들마다 좋아하는 시리즈가 다를 수 있다. 일단은 리더스북

중 하나를 골라 시도해보고 아이의 반응을 본 다음, 좋아하지 않으면 다른 리더스북 시리즈를 접하게 해주는 것이 필요하다.

엄마표 영어를 시작하는 부모들이 쉽게 범하는 실수가, 주변 사람들이 좋다고 하는 책을 먼저 사고 보는 건데, 아이마다 성향이 다르기 때문에 많은 사람들이 추천해도 효과가 없을 수도 있다. 〈ORT〉 전집만 해도 다 구비하려면 백만 원이 넘는다. 큰 맘 먹고 비싼 돈 들여 샀는데 아이가 안 읽는다면 그 앞에서 "그래, 괜찮아. 그럴 수도 있지"라고 아무렇지 않게 넘어갈 부모가 얼마나 될까. 들인 돈 생각에 화가 나서 아이에게 큰 소리를 내는 순간, 아이는 삐끗해서 영원히 영어와 담을 쌓을 수도 있다. 요즘은 굳이 영어 도서관이 아니더라도 동네 도서관에 가보면 엄마표 영어에서 추천하는 책들이 (조금이라도) 있다. 근처에 책을 빌릴 만한 도서관이 없다면 중고로 한두 권 사서 아이의 반응을 살핀 뒤에 사는 것도 늦지 않으니 일단 전집을 새 책으로 지르고 보는 일은 피하길 바란다.

우리 아이는 듀오링고를 통해 사이트 워드Sight Word를 어느 정도 알고 있어서 〈ORT〉를 바로 시작해도 무리가 없었지만, 그렇지 않다면 〈Sight Word Readers〉를 먼저 읽어주는 것을 추천한다. (듀오링고와 사이트 워드는 Chapter 2에서 언급했다.)

주의할 것은 리더스북 수준이 level 1이라도 다 같은 수준이 아니라는 것이다. 〈ORT〉와 〈Step into Reading〉, 〈Ready to Read〉, 〈I

Can Read〉를 비교해봤을 때 상대적으로 〈ORT〉가 제일 쉬운 수준에서 시작하고 〈I Can Read〉 시리즈가 어려운 수준에서 시작한다. 대표적인 리더스북의 특징을 정리해보면 다음과 같다.

리더스북 종류	특징
Oxford Reading Tree (ORT)	Stage 1~9로 구성. 글씨가 없는 아주 쉬운 책부터 시작한다.
Step into Reading	Level 1~3으로 구성. <디즈니 애니매이션>, <바비>, <토마스와 친구들> 같은 유명 애니매이션으로 만든 시리즈가 많다.
Ready to Read	Pre~Level 5로 구성. Level 1~2에는 에릭 칼이나 토미 드 파올라 같은 작가의 그림책들이 있어서 유명 그림책을 따로 찾는 수고를 줄일 수 있다.
(An) I Can Read	My Very first~Level 4로 구성. 시리즈 구성이 잘 되어 있어서 오랫동안 사랑받는 시리즈들이 많다.

표 | 대표 리더스북의 특징

리더스북을 읽는 단계를 0부터 2까지로 나눈다면, 0단계의 경우 처음에 〈Sight Word Readers〉를 읽고 〈ORT〉 stage 1+를 거친 뒤 stage 2~3를 읽는다. 1단계로 넘어가면 〈Step into Reading〉 level 1 또는 〈Ready to Read〉 level 1 시리즈, 〈I can read〉의 My First level의 책을 읽는다. (비슷한 수준의 책들을 계속 읽는 수평 읽기를 해주는 것이다.) 참고로 〈I can read〉 시리즈는 My First level 전에 My Very First가 있긴 한데, My First와 비교해서 쉽다고 느껴지진 않았다. 2단계에서는 〈Step into Reading〉 level 2, 〈Ready to Read〉 level 2

또는 〈ORT〉 stage 4~5 중에서 시작하면 된다. 단, 같은 〈Step into Reading〉의 level 2라고 해도 AR 지수를 확인해보면 1점대 중반부터 2점대 후반까지 차이가 많이 나는 것을 볼 수 있다. (다른 리더스북

단계	리더스북	레벨	AR	대표시리즈
0	Sight Word Readers (Scholastic)			
	Oxford Reading Tree(ORT)	Stage +1		
		Stage 2~3	0.1~0.5	
	Ready to Read	pre	0.5~0.7	\<Puppy Mudge\>
	Oxford Reading Tree(ORT)	Stage 4	0.6~1.0	
1	Step into Reading	Level 1	0.8~1.0	\<Thomas & Friends\>
		Level 1	1.0~2.5	\<Disney Princess\>
	Ready to Read	Level 1	1.0~1.5	\<Eloise\>
			0.6~1.4	\<Dora\>
			1.2~2.2	\<Robin Hill School\>
			1.4~2.2	\<Olivia\>
	I Can Read	My first	0.8~1.4	\<Biscuit\>
			0.8~1.6	\<Mittens\>
			0.9~1.6	\<Little Critter\>
			1.3~2.0	\<Pete the Cat\>
	\<Elephant and Piggie\>		0.5~1.3	
2	Oxford Reading Tree(ORT)	Stage 5	0.9~1.7	
		Stage 6	2.0~	
	Step into Reading	Level 2	0.8~3.9	\<Barbie\>
				\<Disney\>
	Ready to Read	Level 2	2.1~2.9	\<Henry & Mudge\>
	I Can Read	Level 1	1.5~2.6	\<Berenstain Bears\>
			1.8~2.6	\<Splat the Cat\>
			1.8~2.8	\<Fancy Nancy\>
	\<Fly Guy\>		1.3-2.7	

표 | 리더스북 단계

도 마찬가지다.)

따라서 같은 레벨 안에서도 쉬운 수준의 책부터 시작하는 것이 좋다. 우리 아이의 경우는 ORT를 2단계부터 시작해서 4단계까지 쭉 읽고 〈I Can Read〉 My first 레벨의 Biscuit을 읽은 뒤 Little Critter를 읽기 시작했다. 이때까지 읽은 책이 대략 250권 정도였다.

성별에 따라, 아이에 따라 성향이 다르니 책을 사거나 빌리기 전에 아이와 함께 서점이나 도서관에 가서 직접 책들을 보고 고르는 게 좋다. 책을 고를 때 너무 많은 시간을 보내지 않으려면 책의 이름 정도는 눈에 익혀두는 게 좋으니 시간 날 때 목록을 확인하고 인터넷에서 책 이미지도 찾아보자. 산책 가는 기분으로 아이와 책 고르러 도서관에 가는 게 영어책 읽기의 시작이다.

영어 그림책 도전이 선뜻 어려울 땐
쌍둥이책

우리 아이는 대략 5살쯤 혼자서 한글을 읽기 시작했다. 앞서 밝혔지만 난 아이가 돌 때부터 심한 우울증세를 보이기 시작해서 서너 살까지 우울증의 정점을 찍었고, 5살 때쯤 우울증에서 벗어나기 시작했다. 아이랑 한창 놀아주고 애착을 쌓아가야 할 시기에 너무 우울해서 손도 까딱이지 못할 때 간신히 한 것이 아이에게 책을 읽어주는 것이었다. 효과음이라든지, 성대모사 같은 건 생각도 못했다. 무미건조하게 읽어주는 것도 힘들었다. 나중에 아이에게 "엄만 나한테 해준 게 뭐냐"는 소리를 듣지 않으려고 남아 있지도 않은 힘을 다 끌어내서 해준 게 아이에게 책을 읽어준 것이다. 적으면 하루에 1~2권, 많으면

5~6권 정도를 읽어준 것 같다. 엄마가 힘든 걸 아이도 알았는지, 아이는 책을 읽어줄 때면 귀기울여 들어주었고 기특하게도 혼자 글씨 읽는 것을 터득해서 읽기 독립을 일찍 이루었다.

쌍둥이책을 만나다

아이가 5살 때까지 살던 동네는 시내 중심가여서 주택이 별로 없었고 당연히 아이와 갈 만한 곳도 없었다. 근처 대학 캠퍼스를 공원 삼아 돌아다녔는데, 다행히 작은 도서관이 하나 생겼고 갈 곳 없는 우리는 그 도서관을 매일같이 드나들었다. 아이가 책을 읽는 동안 기운 없는 채로 있어도 괜찮았고, 내가 뭘 안 해줘도 아이는 혼자 책 세상에 빠져들었으니 도서관을 갈 수밖에 없었다. 어쨌든 어린이집 끝나는 시간부터 도서관 문 닫을 때까지 1~2시간가량 매일같이 도서관에 갔으니 아이가 읽은 책은 꽤 많았다.

어쩌다 헌책을 지인들에게 전집으로 얻어오면 아이는 앉은 자리에서 30~40권이 되는 책을 다 읽어버리곤 했다. 학교 들어가서도 책 많이 읽는 아이로 소문이 났고, 1학년 때 이미 3~4학년 수준의 책을 읽곤 했다. 그 무렵 다니던 교회에 기증받은 책이 수백 권 들어왔는데, 아이는 얼마 안 되어서 그 책들을 거의 다 읽어버렸다. 그렇게 읽은 책들 덕분에 영어책 읽기가 수월했다. 요즘 내가 아이에게 읽어주는 영어 그림책들 중에 이미 한글책으로 읽은 책들이 많았기 때문이다. 일명 쌍둥이책, 페어북Pair Book으로 불리는 책이다.

엄마표 영어 관련 도서나 블로그에서 자주 등장하는 책들을 도서관에서 빌려서 아이에게 보여주면 아이는 종종 "어, 나 이 책 읽어봤어!"라고 했다. 난 영어로 읽어준 적이 없는데(당연히 없지, 빌려오는 책은 다 처음인데!) "언제?"라고 물으면 당연한 듯이 "학교 도서관에서 한글로 읽었지"라고 대답했다. 그림책 작가로 유명한 앤서니 브라운Anthony Browne이 걱정 인형을 소재로 쓰고 그린 《Silly Billy》는 글밥이 꽤 많은 책인데도 영어 그림책을 읽기 시작한 지 2개월 만에 수월하게 읽을 수 있었던 것 역시 한글책 《겁쟁이 빌리》를 미리 봤기 때문이다.

쌍둥이책 활용법

엄마표 영어를 언급하는 책이나 블로그들에서는 꼭 한글을 먼저 떼고, 한글책을 먼저 읽힌 뒤에, 독서 습관 들인 뒤에 영어책을 읽어주라고 한다. 그 의견에 동의한다. 그런데 만약 3학년이 되어서야 아니면, 더 늦게, 초등 고학년이 되어서야 영어에 노출을 시키려고 한다면, 그때도 한글책만 주구장창 읽힐 수는 없지 않을까? 안 그래도 늦었다고 생각하는데, 그리고 머리가 좀 큰 애들은 저학년용 리더스북은 유치해서 오히려 더 영어에 대한 흥미를 잃을 수도 있는데 그때도 한글책부터, 그리고 쉬운 리더스북부터 읽힐 수는 없지 않겠느냐는 거다. 그럴 때 유용한 게 바로 쌍둥이책이라 불리는 페어북이다.

쌍둥이책을 사용하는 방법은 나이가 어린 아이들에게도 좋지만 초등학생들에게서 훨씬 큰 효과를 발휘한다. 이미 배경 지식이 있는 상태에서 한글로 내용을 파악하면 영어책을 읽을 때 부담이 줄어들고, 한정된 단어 때문에 스토리 전개의 한계가 있는 리더스북보다 훨씬 재밌는 픽처북들을 접하기 때문에 흥미 유발이 쉽다. 아이도 쌍둥이책은 더 흥미를 가지고 읽는다. 영어책으로 먼저 본 책이 설령 내용이 유치해도 한글 쌍둥이책을 발견하면 꼭 읽어본다. 그리고 나중에 다시 영어책을 찾아주면 한번 읽었던 책이어도 다시 읽는 확률이 높아진다(참고로 우리 아이는 읽었던 책은 다시 잘 안 읽는, 진정한(?) 다독형 아이다). 영어책에 거부감이 있는 아이에게도 쌍둥이책은 유용하다. 그리고 엄마들에게도 유용하다. (독해해야 한다는 마음의 부담을 줄여주니까!) 단, 쌍둥이책을 이용할 때 중요한 것은 영어책과 한글책을 동시에 들이밀어서는 안된다는 것이다. 일단 한글책을 읽은 뒤 적어도 2~3주 이상 지난 뒤에 보여주는 것이 좋다. 영어책과 한글책을 동시에 주면 한글책만 읽고 지나갈 확률이 높기 때문이다. 따라서 아이의

영어 수준을 고려해서 쌍둥이책을 먼저 찾아 읽히고 영어책 읽을 수
준이 되었을 때 한글책으로 읽은 책들의 원서를 골라서 아이와 읽는
나름의 계획이 필요하다.

초기에 읽어줄 만한 쌍둥이책을 간략하게 정리해보았다. 단계는
AR과 Lexile을 참고했는데, AR과 Lexile의 차이가 클 경우와 AR과
Lexile을 찾을 수 없는 경우에는 주제나 좋아하는 연령대를 고려해서
배치했다.

| 쌍둥이책 리스트 |

1단계(AR1점 초반 이하 중에서 본문이 단어 위주거나 문장이 반복되는 책)		
영어책 제목	**한글책 제목**	**작가**
1 hunter	사냥꾼 하나	Pat Hutchins
Alphabatics	알파벳은 요술쟁이	Suse MacDonald
Bugs! Bugs!, Bugs!	또르르 팔랑팔랑 귀여운 곤충들!	Bob Barner
Color Surprises	깜짝깜짝! 색깔들	Chuck Murphy
Color zoo	알록달록 동물원	Lois Ehlert
David gets in trouble	말썽꾸러기 데이빗	David Shannon
David smells!	데이빗, 무슨 냄새지?	David Shannon
Dogs	네가 좋아	Emily Gravett
First the egg	무엇이 먼저일까?	Laura Vaccro
Fish eyes	알록달록 물고기 모두 몇 마리일까요?	Lois Ehlert
Freight train	화물열차	Donald Crews
Good boy, Fergus!	안 돼, 퍼거스!	David Shannon
Have you seen my cat?	내 고양이 못 봤어요?	Eric Carle
Have you seen my duckling?	아기 오리는 어디로 갔을까요?	Nancy Tafuri
Here are my hands	손, 손, 내 손은	Ted Rand 外
Hug	안아 줘	Jez Alborough
Hurry! Hurry!	서둘러요 서둘러요	Eve Bunting
I spy animals in art	동물을 찾아라	Lucy Micklethwait
Kitten for a day	야옹, 고양이 놀이	Ezra Jack Keats
Monkey and me	원숭이랑 나랑	Emily Gravett
My world	내 세상	Margaret Wise Brown 外
Not a Box	이건 상자가 아니야	Antoinette Portis
Not a Stick	이건 막대가 아니야	Antoinette Portis
Rain	비	Donald Kalan 外
Tall	난 크다	Jez Alborough
Truck	트럭	Donald Crews
Trucks,Trucks, Trucks	일하는 자동차 출동!	Peter Sis
Yes	좋아!	Jez Alborough
Yo! Yes?	친구는 좋아!	Chris Raschka

2단계(AR 1점 초중반 수준의 책)		
영어책 제목	**한글책 제목**	**작가**
10 minutes till bedtime	잠자기 10분 전	Peggy Rathmann
A Bit Lost	엄마를 잠깐 잃어버렸어요	Chris Haughton
All the World	온 세상을 노래해	Marla Frazee 外
Bark, George	짖어봐 조지야	Jules Feiffer
Black out	앗, 깜깜해	John Rocco
David Goes to School	유치원에 간 데이빗	David Shannon
Dear Zoo	친구를 보내 주세요!	Rod Campbell
I want my hat back	내 모자 어디 갔을까?	Jon Klassen
It Looked Like Spilt Milk	쏟아진 우유 같아요	Charles G. Shaw
My Dad	우리 아빠	Anthony Browne
My Mom	우리 엄마	Anthony Browne
No, David!	안 돼, 데이비드!	David Shannon
Not Now, Bernard	지금은 안 돼, 버나드	David Mckeel
Skeleton Hiccups	해골이 딸꾹 딸꾹	S. D. Schindler
Spring is here	송아지의 봄	Taro Gomi
The Crocodile and the Dentist	악어도 깜짝, 치과 의사도 깜짝!	Taro Gomi
The Family Book	모든 가족은 특별해요	Todd Parr
The Happy Day	코를 킁킁	Marc Simont
Things I like	내가 좋아하는 것	Anthony Browne
Today is Monday	오늘은 월요일	Eric Carle
When Sophie Gets Angry- Really Really Angry…	소피가 화나면, 정말 정말 화나면	Molly Bang
Where is the Green Sheep?	초록 양은 어디 갔을까?	Mem Fox 外
Where's the fish?	금붕어가 달아나네	Taro Gomi
Which would you rather be?	너는 뭐가 되고 싶어?	William Steig
Who Says woof?	멍멍, 누구 소리일까요?	John Butler
Whose baby am I?	나는 누구 아기일까요?	John Butler
Willy and Hugh	윌리와 휴	Anthony Browne
Willy the Champ	윌리와 악당 벌렁코	Anthony Browne

영어책 제목	한글책 제목	작가
Brown Bear, Brown Bear, What Do You See?	갈색 곰아, 갈색 곰아 무엇을 보고 있니?	Eric Carle
Buz	버즈	Richard Egielski
Change	달라질 거야	Anthony Browne
Everyone Poops	누구나 눈다	Taro Gomi
Five Little Monkeys Jumping on the Bed	꼬마 원숭이 다섯 마리가 침대에서 팔짝팔짝	Eileen Christelow
Goodnight moon	잘 자요 달님	Margaret Wise Brown 外
How do I love you	사랑해 모두모두 사랑해	Marion Dane Bauer
How Do You Feel?	기분을 말해 봐!	Anthony Browne
I Can Be Anything	나는 무엇이든 될 수 있어	Jerry Spinelli
I like me!	난 내가 좋아!	Nancy Carlson
I Love You Through and Through	사랑해 사랑해 사랑해	Caroline Jayne Church
I Want to Be an Astronaut	우주 비행사가 되고 싶어요	Byron Barton
I wish I were a dog	개가 되고 싶어	Lydia Monks
Inside Mary Elizabeth's House	메리네 집에 사는 괴물	Pamela Allen
Inside Mouse, Outside Mouse	안에서 안녕 밖에서 안녕	Lindsay Barrett George
Just Like My Dad	아빠처럼 될 거야	David Melling
Just Like My Mum	엄마처럼 될 거야	David Melling
Mr. Gumpy's Outing	검피 아저씨의 뱃놀이	John Burningham
Penguin	친구가 되어줘	Polly Dunbar
Pete the Cat: I Love My White Shoes	고양이 피터: 난 좋아 내 하얀 운동화	Eric Litwin
Piglet and Mama	엄마 엄마 우리 엄마	Margaret Wild
Through the magic mirror	거울 속으로	Anthony Browne
Sam and Dave dig a hole	샘과 데이브가 땅을 팠어요	Jon Klassen 外
Silly Suzy Goose	똑같은 건 싫어!	Petr Horacek
The Great Big Enormous Turnip	커다란 순무	Alexei Tolstoy
The House in the Night	한밤에 우리 집은	Susan Marie Swanson
The little Mouse, the red ripe strawberry, the big hungry Bear	생쥐와 딸기와 배고픈 곰	Audrey Wood
This is not my hat	이건 내 모자가 아니야	Jon Klassen
Waiting	조금만 기다려 봐	Kevin Henkes
We're going on a Bear Hunt	곰 사냥을 떠나자	Helen Oxenbury
Willy the Dreamer	꿈꾸는 윌리	Anthony Browne

4단계(AR 2점 초중반 수준의 책)		
영어책 제목	**한글책 제목**	**작가**
Don't fidget a feather	털 끝 하나도 까딱하면 안 되기	Erica Silverman 外
Emma's lamb	엠마와 아기양	Kim Lewis
Five Little Monkeys Bake a Birthday Cake	쉿! 엄마 깨우지 마!	Eileen Christelow
Gorilla	고릴라	Anthony Browne
I lost my bear	곰 인형을 잃어버렸어요	Jules Feiffer
If You Give a Pig a Pancake	아기돼지에게 팬케이크를 주지 마세요	Laura Joffe Numeroff
In the Small, Small Pond	조그맣고 조그만 연못에서	Denise Fleming
Interrupting Chicken	아빠, 더 읽어 주세요	David Ezra Stein
Into the Forest	숲 속으로	Anthony Browne
Knuffle Bunny Too	내 토끼 어딨어?	Mo Willems
Little Blue and Little Yellow	파랑이와 노랑이	Leo Lionni
Mouse paint	퐁당퐁당 물감놀이	Ellen Stoll Walsh
My Friend Bear	에디와 곰이 친구가 되었어요	Jez Alborough
My friends	모두가 가르쳐 주었어요	Taro Gomi
PaPa, Please Get the Moon for Me	아빠, 달님을 따 주세요	Eric Carle
Pete the Cat: Rocking in My School Shoes	고양이 피터: 운동화를 신고 흔들어 봐	Eric Litwin
Pete's a Pizza	아빠랑 함께 피자 놀이를	William Steig
Piggies	꼬마 돼지	Audrey Wood
PiggyBook	돼지책	Anthony Browne
Polar Bear, Polar Bear, What Do You Hear?	북극곰아, 북극곰아, 무슨 소리가 들리니?	Eric Carle
Silly Billy	겁쟁이 빌리	Anthony Browne
The Snowy Day	눈 오는 날	Ezra Jack Keats
When I was five	내가 다섯 살 때는	Arthur Howard
Where's My Teddy	내 곰 인형 어디 있어?	Jez Alborough
Willy the Wimp	겁쟁이 윌리	Anthony Browne

영어 그림책은
어디서 살까?

엄마표 영어의 어려운 점은 여러 가지가 있겠지만, 가장 큰 어려움 중 하나는 "수준에 맞는 책을 어디서 공수해 오느냐?"일 것이다. 수준에 맞는 책을 찾는 것도 어렵고, 책을 빌리러 계속 도서관을 다니는 것도 쉽지 않다. 다행히 우리 집은 구와 구가 만나는 경계여서 구립 영어 도서관이 2개나 근처에 있었다. 또 전에 살던 동네 쪽에 일이 있어서 매주 가는데, 그 동네 작은 도서관에도 엄마표 리스트에서 빠지지 않는 책들이 적지만 알차게 있다. 그래서 가족별로 대출 카드를 만들어서 한 번에 최대 15권씩 책을 빌려왔다. 하루에 3권씩 읽으면 도서관 한 군데에서만 빌려도 되는데, 막 원서를 읽기 시작했을 때는 책이 워낙 얇다 보니 하루에 3권 이상씩 읽어줄 때가 많아서 도서관을 몇 군 데씩 다니며 빌렸다. 그나마 내가 풀타임 워킹맘이 아니라 가능했던 일이다. 안 그러면 주말에만 빌려야 하는데, 피곤한 몸을 이끌고 주말 에 도서관을 가는 건 쉽지 않을 거다.

영어 원서책 구하기

우리 집은 영어 도서관이 근처에 있어 빌릴 수 있어서 다행이었는데, 문제는 생각보다 영어 도서관이 많지 않다는 것이다. 서울은 그래도 구마다 하나씩 있는데, 지방은 수가 너무 적다. 영어 도서관은커녕 일 반 도서관에 영어책이 없는 경우도 많다. 지방에 사는 언니가 브런치 에 올린 내 글을 보고 마을 도서관에 갔는데 거긴 원서가 없더라는 말을 전해주었다. 주변에 영어 도서관이 없으면 또는 영어책이 있는 도서관이 없으면 영어책을 빌리는 게 불가능하니 사야 하는데, 경제 적으로 여유가 있지 않다면 무척 부담스러운 일이다.

원서가 한두 푼 하는 것도 아니고. 빌릴 곳도 없고 경제적 여유가 없다면 원서는 무조건 중고로 사길 권한다. 중고물품 거래 사이트에 서도 살 수 있지만, 추천하는 방법은 중고서점이다. '개똥이네'는 중 고 아동 서적을 주로 취급하는 곳이라 아이들용 원서도 꽤 많이 있다.

'개똥이네'는 온·오프라인으로 책을 판매하는데, 일하던 곳 근처에 오프라인 매장이 있어서 나는 '개똥이네'를 오프라인으로 먼저 알게 되었고, 그곳에서 책을 구입했다.

온라인은 아무래도 실물을 확인하는 데 (사진이 있기는 하지만) 한계가 있으니 중고 매장을 선호하게 되는 것 같다. 그러나 아쉽게도 '개똥이네'는 매장이 많지 않다. 알라딘과 예스24 같은 온라인 서점에서 운영하는 중고 매장 등이 그나마 접근성에서는 낫다.

재미있는 일이 있었다. 영어 그림책을 읽기 시작한 지 3개월이 되어갈 무렵 강남에 있는 알라딘 중고 매장에 갔다. 오픈한 지 얼마 안 된 시간에 가서 사람들이 별로 없었는데 유독 사람이 많은 코너가 있었다. 어딜까? 이미 눈치챘겠지만, 바로 아이들 원서 코너였다. 7~8명의 내 또래 여성들이 열심히 책을 고르고 있었다. 한 팀이 빠지면 다른 팀이 또 와서 고르고. 누군가의 말에 의하면 중고 원서는 강남 알라딘이 가장 많다고 한다. 실제로 신촌이나 종로 중고 매장에 가보았는데 강남과는 비교가 안 되게 원서가 없었다. 신촌은 매장 자체도 작아서 그럴 수 있다고 치고, 종로 매장은 강남과 비교해서 매장 크기가 많이 차이 나지 않는데도 보유 영어 원서 측면에서는 강남점과 비교가 되지 않았다. 아무래도 강남의 교육열을 반영한 것 같은 느낌이다.

한 번은 부천에 갈 일이 있었는데 마침 부천역 앞에 알라딘 중고 매장이 있어서 원서 코너에 가보았다. 역시 강남에 비할 바는 못되었다.

그래도 생각보다 원서가 꽤 있어서 (중소 도시엔 알라딘 매장이 한두 군데밖에 없기 때문에 구색을 맞추느라 그런 것 같다) 열심히 들여다보았다. 그날 리더스북과 페이퍼북으로 된 그림책 70권 정도를 구입했는데 총 17만 원 정도 나왔다. 정가로 구입하면 2.5~3배 정도가 더 든다고 보면 된다. 너무 헌 책은 빼고 사용감이 좀 있거나 거의 없는 것들 위주로 골라왔는데 리더스북은 주로 2천 원 이하였다. 2천 원이 넘으면 일단 좀 생각해보고 결정했다. CD가 있으면 3천 원이 훌쩍 넘는다. 나는 CD 없는 책들로만 골라서 평균가가 1,600원 정도였다. (유튜브가 있으니 CD는 굳이 없어도 된다.) 픽처북의 경우는 좀 더 비싼데 3천원에서 5천원 사이가 많다.

중고로 책을 살 때 유의할 점은 웬만하면 보드북이나 플립·플랩북은 사지 않는다는 것과 5천 원 이상이 넘어가면 새 책을 파는 사이트에서 가격을 검색해봐야 한다는 점 정도일 것 같다(보드북은 비싸다. 아이가 5살 이상이라면 무조건 페이퍼북을 추천한다. 플립·플랩북은 손상된 것들이 많다.). 5천 원이 넘어가는데 마음에 드는 책이 있어서 새 책 원서 사이트에서 검색해봤는데 별 차이가 안 나거나 오히려 새 책이 더 싼 경우도 있다. 그러니 꼭 검색을 해보시라. (아이가 좋아하는 리더스북 Biscuit 시리즈의 경우는 새 책과 헌 책의 가격 차이가 별로 안 나서 새 책으로 구입했다.)

새 책을 꼭 사야만 한다면 웬디북을 추천한다. 웬디북에서는 책을 꽤 많이 샀는데 최대 75%까지 할인해주는 책들이 있어서 유용했다. 사고 싶은 책 재고가 없을 때도 꽤 있는데 입고 알림 신청하면 카톡이랑 메일로 알려줘서 편리하다. 웬디북은 사이트도 이용하기 좋게 설계되어 있고 유명 작가나 수상작, 레벨별 등 분류가 잘 되어 있어서 좋다.

웬디북이나 동방북스의 최대 단점은 쉽게 지름신을 부른다는 것! 재고가 없는 것을 몇 번 경험하고, 세일 상품들을 보면 '지금 아니면 못 살 수도 있다'는 다급함이 생길 수 있다. 그러나 경험상, 재고 없는 제품은 그만큼 인기가 많은 제품이라 조만간 다시 입고된다. 그리고 세일은 생각보다 훨씬 자주 돌아온다. 재고 없는 제품은 입고 알림 신청을 해두고 기다리시라. 그리고 틈틈이 사이트를 들어가서 원하는 제품이 세일을 하는지 확인해보는 부지런함을 발휘하시라. 큰 돈 들이지 않고 원서를 집에 들일 수 있을 것이다.

✓ **영어 도서 구입 온라인서점**
개똥이네 http://www.littlemom.co.kr
웬디북 https://www.wendybook.com
동방북스 http://www.tongbangbooks.com

꼭 파닉스부터
시작해야 하나?

아이와 영어책을 읽기 시작한 지 6개월이 되었을 무렵 미국에 사는 동생네를 2주간 방문할 기회가 생겼다. 남편의 출장지가 동생네 동네에서 가까운 곳이어서 생각지 않게 다녀오게 되었는데, 처음으로 미국 도서관과 미국 학교가 어떻게 생겼는지, 어떤 공부를 아이에게 시키는지, 아이들은 어떻게 언어를 배우는지 관찰할 수 있는 좋은 기회였다. 동생의 아들은 만 6세이고 초등학교 1학년인데 한국어와 영어를 둘 다 잘 한다. 하루는 날 내가 조카의 숙제를 살펴보는데 동생이 파닉스와 관련한 에피소드를 이야기해주었다. 파닉스를 배우는 조카가 어느 날 자기가 다니는 학교 이름을 보면서 "엄마, 왜 Christian school은 왜 츄리스천 스쿨이 아니에요?"라고 물었다는 것이다. 학교에서 파닉스를 배우는데 ch 음가를 /취/로 배웠으니 아이는 "Christian school은 츄리스천 스쿨"이 아닌 게 궁금할 수밖에.

위키백과 정의에 따르면 파닉스Phonics는 "단어가 가진 소리, 발음을 배우는 교수법"이다. 즉, 글씨와 소리와의 관계를 파악해서 글씨를 읽을 수 있도록 도와주는 것이다. C는 /ㅋ/, A는 /애/, T는 /ㅌ/ 소리니까 조합하면 /캣/으로 발음이 난다고 가르쳐주는 것이다. 그렇게 원리를 배우고 나면 단어를 읽을 수 있게 된다. 원리만 가르쳐주면 글씨를 읽게 되는 성과가 바로 보이기 때문에 유아 대상 영어 학원에선 일단 파닉스를 가르칠 수밖에 없다. 우리나라에 파닉스가 널리 퍼지게 된 것도 유명 유초등 영어 기관에서 도입해서 "우리 아이를 영어 영재로 키워준다"며 아이들에게 파닉스부터 가르쳤기 때문이다. 그 기관 홍보 글에 따르면 파닉스를 우리나라에 처음 도입한 게 1990년대 초반이니 지금 초등학교 자녀를 키우는 부모들은 학교에서 영어를 배울 때 파닉스를 배운 사람이 많지 않을 것이다. 나도 파닉스라는 것을 테솔을 할 때야 알게 되었다.

그럼 나는 파닉스 원리를 언제, 어떻게 알았을까? 영어 노래를 들으며 영어에 빠진 학창시절, 노래를 듣고 가사를 외우면서 자연스럽게 깨우쳤던 것 같다. 내 또래 대부분의 사람들도 선생님이 읽어주는 걸 듣고 알게 되었지, 파닉스를 따로 배우지는 않았을 것이다. 파닉스를 따로 배우지 않아도 우리는 영어를 읽을 수 있었던 것이다.

다시 파닉스 이야기로 돌아가서, 파닉스를 배우면 단어를 읽을 수 있게 된다. 그런데 파닉스 규칙이 적용되는 영어 단어가 대략 70퍼센트 정도밖에 안 되기 때문에, 앞에서 언급한 조카의 '츄리스천 스쿨' 같은 에피소드가 생긴다. 그래서 미국 아이들도 그런 단어들은 외울 수 있도록 'Lightning words' 같은 숙제를 내준다. 'Lightning words'는 30~40여 개의 단어를 무작위로 배열해 놓고 읽는 시간을 재서 빠른 시간 안에 읽어내도록 연습시키는 숙제로, 스피드 게임 같은 느낌으로 생각하면 될 것 같다.

앞서 잠깐 언급했지만, 파닉스는 빠른 시간 안에 눈에 보이는 성과를 가져다주기 때문에 학원에서는 거의 무조건 파닉스를 가르칠 수밖에 없다. 유아 영어 학원을 다닌 애들 중에는 짧게는 몇 개월에서 길게는 1~2년까지 파닉스를 배우다 오는 애들도 있다. 소문만 듣고 영어 학원을 전전하다가 그렇게 된다. 학원 수업의 시작이 대부분 파닉스이기 때문에 벌어지는 현상이다.

그런데 이상하지 않은가? 파닉스는 글자를 읽는 것을 가르치는 것인데, 말도 못하고 듣기도 안 되는 아이에게 글씨부터 가르친다는 게 말이다. 아이를 키우면서 애가 아직 엄마라는 말도 못하는데, 한글 기역 니은을 가르치는 엄마를 아직까지 본 적이 없다. 미국에서도 선생님의 말을 다 이해하고 자신의 의사를 분명히 표현할 수 있는 킨더 Kinder(우리나라 유치원과 비슷한 과정. 미국은 초등학교 1학년부터가 아니라 킨더부터 의무 교육에 포함된다)에서 파닉스를 가르친다. 보통 킨더 수준에서는 5,000단어 이상을 알고 있다고 가정한다. 그런데 우리나라 학원에서는 듣기도 안 되는 아이들에게 글씨부터 가르치고 있는 것이다.

파닉스 효과를 보고 싶다면

파닉스를 가르치는 자체를 반대하는 것은 아니다. 다만, 파닉스가 필요한 시기가 있고 그 시기에 맞춰 가르쳐야 한다고 생각한다. 우리 아이만 해도 내가 따로 한글을 가르치지 않았다. 거의 매일 책을 읽어주다 보니 어느 순간 아이가 글씨를 깨우쳤고 스스로 책을 읽기 시작했다. 그게 만 4세 정도였다. 글씨를 쓰는 것도 비슷했다. 읽기를 하다 보니 어느 순간 자기가 글씨를 쓰기 시작했는데, 문장으로 일기를 쓰기 시작한 게 만 5세 중후반 무렵이다. 영어도 똑같다고 믿는다. 그래서 나는 아이에게 파닉스를 가르치지 않고 책만 읽어주었고, 아이는 한글책을 읽었던 과정과 비슷하게 영어도 읽기 시작했다. (4학년인 현재 아이는 "The next day we went to a farm to get a pumpkin." 정도의 문장은 어렵지 않게 읽어내고 듣기 수준은 더 높다.)

파닉스를 가르쳤다면 훨씬 오래 전에 지금 읽는 수준의 문장을 읽을 수 있었을 것이다. 그러면 쉬운 리더스북은 굳이 내가 읽어주지 않아도 되고 편해졌을 수도 있다. 그러나 파닉스를 가르치려면 어쩔 수 없이 학습으로 가야하고, 아이는 영어에 흥미를 잃을 수도 있다. 사실, 영어책을 읽어주기 시작할 때 파닉스를 가르쳐볼까 하는 생각이 들어서, 집에 있던 한국에서 개발된 파닉스 교재를 아이와 함께 펼쳐보았다. 그러나 며칠이 안 되어서 아이는 파닉스 책 대신 그림책을 펼쳤다. CVC (man 같은 자음+모음+자음 조합의 단어) 위주의 단어만 늘어놓은 책이 이야기가 있는 그림책을 이길 수 없었기 때문이다. 그래서 나는 파닉스를 포기하고 영어 그림책을 읽어주는 것에 집중했다. 파닉스는 빨리 아이가 영어책을 혼자 읽는 모습을 보고 싶은 부모의 욕구를 충족시키기에 좋은 것일 뿐이라는 생각이 들었던 것도 중요한 이유다.

더 나가고 싶은 욕구를 누르고 아이에게 영어책을 읽어주기 시작한 지 5개월 차에 들어섰을 때다. 여느 때와 다름없이 그냥 본문에 충실하게 책을 읽어주는데 갑자기 아이가 한마디 했다.

"엄마, 이거는 k로 시작하는데 왜 발음이 ㅋ로 시작하지 않아?" "오~ 예리한데~ k와 n이 붙어있으면 k는 소리가 없어져. 그래서 n 발음만 남거든. 왜 포크랑 나이프할 때 나이프^{knife} 있지? 그것도 k로 시작해. 알다라는 뜻의 know도 그렇고. 그런데 예외가 있기도 해. 너 좋아하는 〈Knuffle Bunny〉 시리즈 있지? Knuffle은 네덜란드 말이라 크너플, 이렇게 읽기도 해."

이때 잠깐 파닉스를 집중적으로 가르칠까 생각했으나, 차라리 이렇게 질문할 때 알려주는 게 아이에겐 훨씬 기억에 많이 남을 것 같다는 생각에 계속 책 읽기에만 집중했다.

영어책을 읽은 지 만 6개월이 되자 아이는 전보다 단어와 소리 내서 읽는 것에 관심을 보이기 시작했다. 전엔 내가 리더스북을 읽어줄 때 자기도 따라서 읽는 흉내를 냈는데 6개월이 지나자 진짜로 자기가 읽으려고 했다. 이때가 파닉스를 하기 좋은 시점이다. 아이가 영어 소리에 익숙해지고 읽고자 하는 욕구를 보이기 시작할 때 파닉스를 가르치면 효과가 좋을 수밖에 없다.

책장 한구석에 밀어둔 〈I can read!〉의 파닉스 교재인 〈The Berenstain Bears(베렌스타인 베어즈)〉를 꺼냈다. 다행히 아이는 크게 거부감 없이 첫 책을 읽었다. 이 교재의 장점은 학습을 위한 만들어진 책이지만 이야기로 되어 있어서 아이들이 지겨워하지 않고 자연스럽게 파닉스를 습득할 수 있다는 점이다. ORT의 파닉스도 좋은 교재다. 이야기 측면에서는 ORT가 더 자연스러워서 아이가 더 빠져드는 느낌이다. (나는 ORT 신봉자인가ㅎㅎ ORT에서 받은 건 전혀 없다;)

미국과 한국의 파닉스 교육에 관한 차이점을 하나 더 든다면, 한국의 파닉스 교육은 자음에 중점을 두지만 미국의 파닉스 교육은 모음에 훨씬 더 중점을 둔다는 것이다. 〈I can read!〉의 파닉스 교재인 〈The Berenstain Bears〉의 구성을 보면 Short a/e/i/o/u, Long a/e/i/o/u/oo/로 되어 있다. 모음이 훨씬 중요하고 복잡하기 때문이다. 우리나라 어린이집 특별 활동 영어 교재를 보면 모음보다는 자음에 훨씬 비중을 많이 두고 있는 것을 볼 수 있다. 그런데 파닉스 교육에서 중요한 건 모음이다. 한국 사람들이 말할 때 실수를 많이 하는 지점도 모음 발음인 것은 우연이 아니다. 요즘도 나는 영어 발음에 관해 문의하는 사람들에게 모음을 정확하게 발음하는 것에 대해 알려준다. 파닉스가 필요한 건 아이들보다는 성인들이라는 생각이 들 때가 있다.

온라인에서 찾아보면 파닉스 노래도 많고, 워크시트도 많다. (만화 중에선 〈Wordwolrd〉가 파닉스 공부할 때 도움이 된다.) 파닉스를 공부할 수 있는 온라인 사이트로는 〈starfall〉을 많이 추천한다. 구글에서 'starfall'을 치면 바로 starfall phonics가 검색어로 뜬다. 미국 학교에서도 starfall 자료를 많이 이용한다. 유튜브에서는 phonics song을 치면 관련 동영상이 많이 검색되는데, 모음을 집중해서 가르치고 싶으면 'Phonics vowel song'으로 검색하는 게 좋다.

파닉스를 어느 정도 가르친 후엔 사이트 워드(빈번하게 나타나기 때문에 파닉스 규칙을 따지지 않고 통째로 외워서 읽게 하는 단어)도 외울 수 있도록 목록을 인쇄해서 읽는 연습을 하면 좋다. 〈Sight words game〉이라는 사이트에 가면 사이트워드 리스트도 있고 워크시트 같은 것들도 있으니 참고하면 좋을 것 같다.

✓ **파닉스 공부 추천 사이트**

Starfall https://www.starfall.com

✓ **사이트워드 공부 추천 사이트**

Sight words game https://www.sightwordsgame.com/sight-words-list

엄마표 영어 초기에 하는
흔한 실수

아이에게 영어책을 읽어주다 보니 몇 년 전 교보문고에서 샀던 그림책이 생각났다. 광화문 역으로 가는 지하에 교보문고 간이 매대가 있는데, '만 원의 행복'이란 이름으로 페이퍼백 3권을 만 원에 파는 행사였다. 영어 그림책에 대해 아무것도 모르지만, 그냥 그림이 예쁜 걸로 샀다. 그러고는 책장 어딘가에 박아 놓았다가 아이에게 영어 그림책을 읽어주면서 생각이 나서 꺼내 보았는데, 이제 와서 보니 책 수준이 너무 높은 걸 샀다. 글씨도 작고 글밥도 많고.

영어책 수준과 관련해서 에피소드가 하나 더 있다. 언젠가 어느 아이 엄마가 자기 아이에게 영어책을 읽어주는 걸 보았다. 두 돌도 채

안 된 아이에게 미국 초등학교 2학년 아이가 읽는 수준의 책을 읽어주는 것이었다. 그 장면을 보면서 "원어민들이 저 책을 2살인 자기 아이한테도 읽어줄까?"라는 생각을 했다. 2살 아이에게 한글로 책을 읽어줄 때는 그 나이 유아를 위한 책을 읽어주면서 왜 영어책은 그런 걸 읽어줄까 싶었던 것이다. 그 아이 엄마가 책의 수준을 나타내주는 지수가 있다는 걸 알았다면 좀 달랐을까?

영어 그림책을 읽어줄 생각을 하는 엄마들은 위와 비슷한 실수를 한 적이 있을 것이다. 그리고 어떤 책을 읽혀야 할지, 어떤 수준의 책을 어떻게 골라야 할지 몰라 막막해한다. 다행히 그런 엄마들에게 좋은 소식이 있는데, 아이들을 위한 영어책 수준을 알려주는 지수가 있다는 것이다. 대표적인 것으로 AR과 Lexile(렉사일), 2가지를 많이 이야기한다. 둘 다 미국 학교에서 널리 쓰이고 있고, 우리나라에 있는 영어 도서관에서도 이를 도입해서 책을 분류한 경우도 많다. 이 2가지를 알고 있으면 책의 수준이 어떤지를 대략 파악할 수 있는데, 문제는 둘 다 임의로 선별한 책에 지수를 부여하다 보니 AR이나 Lexile 지수가 없는 책들도 많다는 것이다. 그래도 일단 유명한 책들은 우선적으로 분석되어 있고, 이 지수에 따른 책 리스트들은 아이에게 읽히고도 남을 정도로 충분히 작성되어 있으니 걱정은 안 해도 될 것 같다.

AR 지수

먼저 AR에 대해 알아보자면, AR^Accelerated Reading 지수는 '르네상스 러닝^Renaissance Learning'이라는 회사에서 만들었고 이 회사는 책을 분석하여 책의 내용과 관련 있는 퀴즈를 콘텐츠로 만드는 회사다. (현재까지 20만 권의 책을 분석했다고 한다.) 레벨 테스트를 하면 테스트를 받은 사람의 수준이 나오고 그 수준에 맞는 AR 지수의 책을 추천해주는 SR이라는 시스템을 만든 것인데, 어학원들이 주로 이 시스템으로 아이들의 레벨 테스트를 한다. (이 글 후반에 이야기 하겠지만 굳이 레벨 테스트 하러 어학원에 가지 않아도 쉽게 자신의 단어 수준을 테스트할 수 있는 방법들이 있다.)

AR은 0~14까지 있는데 문장의 평균 길이, 단어의 철자 수, 단어의 난이도, 책에 포함된 어휘 수를 기준으로 분류하여 1.5 같은 식으로 표기한다. 1.5의 의미는 '미국 기준으로 초등학교 1학년 5개월차에 읽을 수 있는 수준'이라는 뜻이다. (수능 영어의 평균 수준은 9.5, 보통 3.0~10.5 사이에서 출제한다고 한다.)

AR 1점대의 책은 한 페이지에 1~2문장 정도 있는 수준이고 단어도 쉽다. AR 2점대는 3~4문장 정도가 있고 문장 구조도 좀 더 어려워진다. 이야기가 풍성해져서 아이들이 재밌게 보는 그림책들은 2점대의 책들이 많다. 1점대보다는 2점대 중후반으로 가면 관계대명사

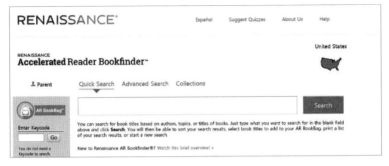

그림 | AR 지수를 확인할 수 있는 르네상스 러닝 사의 사이트

를 이용한 복문이 나오기 시작한다. 3점대는 챕터북이 나오는 수준으로 5~6문장 이상이고 단어도 어려워진다. 2점대와 3점대는 수준이 확 달라지는 느낌인데, 초등학교 2학년에서 3학년으로 올라갈 때 학습 수준이 달라지는 것과 맥락이 같다고 볼 수 있다.

Lexile 지수(렉사일 지수)

Lexile(렉사일)은 미국 교육 평가 기관인 메타메트릭스^{Metametrics}에서 20여 년간 44,000권의 책의 난이도를 연구하고, 이를 토대로 책의 등급을 구분하여 개발한 지수다. 책의 난이도를 측정하는 지수지만 독서 능력 평가 지수로도 활용된다. Lexile은 숫자 뒤에 'L'자를 붙인

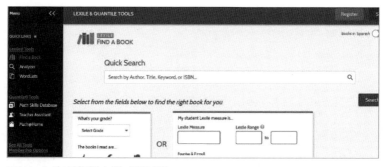

그림 | Lexile 지수를 확인할 수 있는 사이트 화면

형태로 표기하며 100만 권 이상의 책에 Lexile 지수가 부여되었다. 미국 50개 주에서 활용되고 있고 교사들에게도 가장 신뢰받는 공신력 있는 지수라서 스콜라스틱 같은 유명 출판사에서도 자사 도서에 Lexile 지수를 부여한다.

Lexile은 어휘와 문장의 길이를 함께 측정하여 0~1700L로 분류한다. 200L 이하의 책들이 초보자들을 위한 책이라고 볼 수 있다. TOEFL을 치면 성적표에 시험 점수와 함께 Lexile 지수가 표시된다. 아이들이 보는 주니어 토플 사이트에서는 렉사일 수준을 입력하면 그에 맞는 도서나 신문 기사를 추천해주기도 한다. 미국 도서관 사이트에서 책을 검색하면 Lexile 지수를 표시한 것을 볼 수 있다. (참고로 국내 중학교 1학년 영어 교과서의 Lexile 지수는 295~381L, 《해리포터와 마법사의 돌》은 880L, SAT의 지수는 1330L, 수능은 1170L 정도다.)

Step 1/3 (measure broad vocab level)

like	enough	bright	throttle
think	hope	tool	reproach
go	close	moon	pittance
look	tomorrow	soul	ajar
him	box	hint	botch
here	hair	ferry	prig
after	fish	stance	mawkish
ask	corner	dairy	raiment
next	rise	plank	legerdemain
pay	twice	wag	uxoricide

continue >>

그림 | Test your vocabulary 사이트

  자신의 읽기 수준을 간단하게 확인할 수 있는 유용한 사이트가 하나 있다. Test your vocabulary(http://testyourvocab.com)라는 사이트인데, 사이트에 들어가서 자신이 아는 단어를 체크하고, 영어 공부를 했던 경험에 대한 질문에 답을 하면 단어 수준을 알려준다. 그 숫자를 10으로 나눈 숫자가 자신의 렉사일 지수라고 생각하면 된다. 이 사이트에 따르면 원어민의 단어 수준은 25,000~30,000개 수준이고, 원어민이 아닌 경우 보통 2,500~9,000 단어를 알고 있다고 한다.

  이 사이트에 들어가서 자신이 아는 단어를 체크하면 자신의 단어 수준을 알 수 있다.

AR과 Lexile을 확인하는 방법은 각각 AR과 Lexile을 검색할 수 있는 사이트에 들어가서 확인하는 방법이 있다. AR은 르네상스 러닝사에서 만든 AR book find(http://www.arbookfind.com)라는 사이트에서, Lexile은 메타메트릭스사가 만든 Lexile 사이트(https://hub.lexile.com/find-a-book/search)에서 책 제목을 입력하여 검색할 수 있다. 문제는 AR과 Lexile 둘 중에 하나만 있거나 둘 다 없는 책이면 귀찮은 일들이 생긴다는 것이다. 예를 들어 AR 지수는 없고 Lexile 지수만 있는 책인데 AR에 들어가서 검색할 경우 당연히 AR이 검색 안 되고 그러면 다시 Lexile 사이트로 들어가 검색을 해야 하는 것이다. 안타깝게도 Lexile 사이트는 모바일에 최적화도 안 되어 있어서 여간 불편한 게 아니다.

이런 귀찮은 일을 처음부터 차단하고 AR과 Lexile을 한번에 확인하는 좋은 방법은 아마존에서 책을 검색하는 것이다. 아마존 사이트에서 책 제목을 입력하면 책 화면으로 이동하는데 아래로 스크롤을 하면 상품 정보에 AR이나 Lexile 지수가 나와 있는 것을 볼 수 있다.(문제는 아마존에서 모든 책에 지수를 기록하지 않는다는 점이다. 허탕칠 확률이 꽤 있다.)

아마존에서 먼저 책 제목을 입력한다. 검색된 책 화면을 아래로 내리면 이런 정보가 나온다. 두 번째 줄에 Lexile Measure 옆 숫자가

그림 | 아마존에서 책을 검색했을 때 나오는 정보

Lexile 지수다.

　내가 제일 자주 이용하는 방법은 온라인 영어 서점 웬디북 사이트에서 책을 검색해보는 것이다. 가끔씩 표기가 빠져있는 것도 있어서 웬디북에서 찾아보고 없으면 아마존에서 다시 검색해본다. 아마존에서도 없으면 구글에서 '책 제목 + Lexile 또는 reading level'로 검색해

보고 안 나오면 없는 것으로 생각한다. 웬디북은 읽기 지수에 따라 책을 분류한 카테고리도 따로 있어서 '수평 읽기(비슷한 수준의 책을 읽히기)'를 위해 검색할 때도 편리하다. (누누이 말하지만, 나는 그 서점과 아무 관련이 없는 사람이다. 이용하다 보니 편리해서 여러 사람들에게 알려줄 뿐.)

둘 중에서는 Lexile이 더 공신력 있다고 생각하면서도 인스타그램에 영어 그림책을 소개할 때나 강의할 때는 AR 지수를 주로 사용하는데, 이유는 하나다. AR이 더 직관적이기 때문이다. AR 지수는 보는 순간 "아, 이 책 수준이 얼마구나"라는 걸 바로 파악할 수 있지만, Lexile은 표를 외우고 있지 않으면 표를 참고해서 수준을 파악해야 하기 때문에 Lexile보다는 AR을 쓰는 것이다. (Lexile로 수준을 파악할 때 그나마 도움이 되는 방법은 Lexile 350L이 AR 2.0, Lexile 550L이 AR 3.0 과 비슷하다고 외워두는 것이다.) 그러나 미국 공기관에서는 AR보다는 Lexile을 훨씬 많이 쓰는 것을 알 수 있다. (검색하다 보니 영국도 Lexile 을 많이 쓰는 것 같다. Lexile 사이트에서는 180개국 이상이 Lexile을 사용한다고 적혀있는데, 일러스트에 태극기도 보인다.)

수평 읽기를 해야 한다

읽기 지수와 관련해서 마지막 한마디를 덧붙이자면, 아이가 영어책을 읽기 시작하면 엄마들은 내 아이의 읽기 수준을 확인하고 싶어 하고 빨리 올리고 싶어 한다. 그래서 레벨 테스트를 하러 어학원도 돌아다니고 2점대 책을 곧잘 읽는다 싶으면 곧장 3점대 책들을 공수하려고 한다. 그러나 AR지수 2점대와 3점대 책의 수준은 차원이 다르다. 초등학교 3학년 아이들이 2학년 때보다 공부를 어려워하는 이유랑 비슷하다. 얼마 전에 아이 친구 엄마를 통해 알게 된 건데, 도서관 시스템을 도입한 학원들은 AR 지수 하나 올리는 데 3개월로 잡는다고 한다. 미국 원어민 아이들이 1년간 책을 읽어서 올리는 지수를 우리나라 아이들은 일주일에 겨우 2~3시간 읽으면서 3개월 만에 올리려고 한다니 어이없는 일이다. 그렇게 성급하게 지수를 올린 애들이 챕터북에서 흥미를 잃고 영어책 읽는 것을 중단한다. 엄마표 영어는 챕터북에서 망한다는 이야기가 괜히 나온 게 아니다. 읽기 수준이 충분히 잡히지 않은 상태에서 지수 올리기에만 급급하다가 그렇게 되는 것이다.

읽기 지수와 관련해서 기억해야 할 중요한 것은 '수평 읽기'다. 아이가 어느 정도 읽기 수준이 어느 정도에 이르면 그 수준에 맞게 비숫한 지수의 책을 많이 읽히는 것이다. 예를 들어 아이가 2점대 중반의 책을 읽기 시작하면 그 수준의 리더스북, 챕터북, 그림책을 다양하게 접할 수 있도록 하는 것이다. 조급해하지 않고 수평 읽기를 꾸준히 하도록 이끌어주면 자연스럽게 아이의 읽기 수준은 올라간다. 그리고 또 하나, 아이들은 책을 읽을 때 꼭 자기 수준에 맞는 책을 읽진 않는다. 우리 아이는 2점대 충부반~3점대 초반의 책을 읽고 있지만 종종 그보다 어려운 책을 읽을 때도 있고 더 쉬운 책을 읽을 때도 많다. 자신이 소리 내어서 읽는 책은 주로 1점대 후반~2점대 초중반의 책들이다. Lexile 지수에 맞게 책을 읽으라고 할 때 -100에서 +50으로 잡는 이유도 비슷한 이유다. 여유 있게 아이와 책 읽기를 즐기다 보면 언젠가 숫자도 늘어나 있음을, 숫자를 높이는 게 우선이 아님을 기억하면 좋겠다.

✓ **AR지수 확인** : AR book find http://www.arbookfind.com
✓ **Lexile 지수 확인** :
　Metametrics사가 만든 Lexile 사이트
　https://hub.lexile.com/find-a-book/search
　주니어 토플 https://toefljunior.lexile.com
　Test your vocabulary http://testyourvocab.com

엄마표 영어든 시험용 영어든
중요한 건 맥락!

미국에 사는 동생이랑 카톡을 했다. 동생이 갑자기 장난 반 진지함 반
으로 고민을 털어놓는다.

"난 드디어 아들이 하는 영어를 못 알아듣기 시작했어. 못 들어본
거 막 암기하길래 국기에 대한 경례구나 하긴 했는데, 들어서는 모르
겠어서 찾아봤어⋯."

미국에 산 지 5년 차인 동생의 아들, 즉 나의 조카는 만 6세로, 미국
초등학교 1학년이다. 작년 킨더(초등 과정 시작 전 유치원 1년) 들어가기
전까지 한국어로만 대화하고 한글책을 열심히 읽어줘서, 그리고 비자
연장하러 한국 왔다가 비자가 안 나와서 뜻하지 않게 6개월을 한국에

서 지내서 한국어를 완벽하게 구사하는 아이다. 그런 아이가 미국 학교 들어간 지 2년이 채 안 되어 원어민 같이 대화를 하는 거다. (역시 그래서 조기 교육이구나, 라고 생각하는 건 금물. 아이와 어른이 언어에 노출되는 시간이 절대적으로 다르다는 걸 먼저 감안해야 한다. 그 외에도 많은 요소가 있다. 절대 어려서 영어를 잘하는 게 아니다. 동생이 2년간 조카처럼 영어에 노출되었다면, 여러 요소를 고려했을 때 훨씬 더 영어를 잘할 것이라고 확신한다.)

동생의 문자에 대한 나의 대답은 이랬다.

"못 알아듣는 게 결국 맥락 때문이라서 그래. 네가 아들처럼 학교 다녔으면 다 알아들었을 거야. 넌 아들만큼 미국 사람들 안 만나고 영어를 쓰지 않으니까 당연한 거지, 뭐. 맥락은 결국 문화와 사고 방식과 배경 지식이야. 애들 만화 중에 〈Arthur〉랑 〈Milly & Molly〉가 학교생활이랑 문화를 잘 보여주니까 일단 그걸 틈틈이 보면 좋을 것 같아."

얼마 전 내가 연재하던 브런치 글을 읽은 친구 한 명이 갑툭튀 질문을 던졌다.

"그래서, 넌 영어 방송 아무거나 들어도 다 들리는 거야?"

"야, 그런 게 어떻게 가능하냐. 원어민도 자기가 모르는 분야는 들어도 모르는데, 우리도 똑같잖아."

친구에게 대답해놓고 집에 와서 한참 생각해보았다. 난 한 번에 100퍼센트에 가깝게 들리는 분야가 없는 것 같은데, 그럼 영어 잘한다고 하면 안 되나. 그런데 최근 내가 통역한 것들을 생각해보니 사전 준비없이 95퍼센트 이상 이해해서 통역을 했다. '아. 내가 잘하는 분야가 있지!' 순간 바닥을 칠 뻔한 자존감이 '나 여기 살아있다'고 신호를 보냈다.

아무리 영어를 잘하는 동시통역자도 통역 전에 준비를 엄청 한다. 어떤 이야기들이 오갈 것인지 주제가 잡히면 그 주제에 대해 몇 주씩 공부해서 맥락을 알아두는 것이다. 예상 질문에 답변도 만들어두고 관련자들과 인터뷰를 한다. 정말 영어를 잘하는 사람들도 그런 과정을 밟는 이유는, 그들이 영어를 못해서가 아니라 결국은 맥락이 듣기와 이해도를 좌우하기 때문이다.

제부는 공과계열에서는 누구나 알아주는 일리노이공대에서 박사 과정을 마쳤다. 지도 교수와 논문을 논의하고 논문을 쓰고 담당 교수를 대신해서 학부생, 석사생들을 지도하고 수업도 했다. 엄청 영어를 잘하지 않으면 할 수 없는 일들이다. 그런데 제부가, 내가 통역하는 분야에 대해 듣더니 자기는 절대 그 분야를 못한다고 했다. 의외였다. 난 내가 통역하는 분야는 하나도 어려울 게 없다고 생각했기 때문이다. 그러나 내가 통역하는 분야가 나에게나 쉽지 제부에겐 쉽지 않을 수 있다. 자기가 공부하고 관심을 가지고 보고 듣던 분야가 아니기에 그렇다.

수능 영어가 어려운 이유

수능 영어가 왜 어려울까? 듣기나 웬만한 문제에서는 변별력이 없기 때문에 몇 문제는 엄청 어렵게 만들 수밖에 없다. 그런 문제의 지문을 살펴보면 논문을 짜깁기한 내용이 많다. 한 논문을 몇 군데 발췌해서 지문으로 엮은 건데, 그 지문들은 영어 교사들 사이에서도 "해석을 봐도 뭔 소린지 모르겠다"고 하는 지문들이다. 실제로 대학 영어과 교수인 원어민에게 이 지문이 무슨 내용인지 모르겠다고 봐달라고 했더니, 지문을 읽은 뒤 '자신도 무슨 소리인지 모르겠다'고 대답했다. 원어민이 영어를 못해서 무슨 소리인지 모르는 걸까? 아니다. 그 지문은 맥락이 없는 글이기 때문에 어려운 것이다. 나는 영어로 수업하는 대학원 과정을 밟았는데, 그때 영어 논문을 한 편 읽는 것은 전혀 어렵지 않았다. 맥락이 있기 때문에 처음부터 읽어나가면 서론-본론-결론이 있어서 무슨 소리인지 대략 다 이해했기 때문이었다. 그러나 수능 지문은 맥락 없이 딱 그 부분만 던져놓기 때문에, 논문과 같은 수준의 단어들로 이루어져 있어도 이해가 안되기 쉬운 것이다.

맥락과 배경 지식의 중요성

결국 얼마나 맥락을 파악하고 있느냐가 언어의 핵심이다. 영어를 잘하고 싶으면 영어가 쓰이는 곳의 맥락, 즉 배경 지식과 문화를 알고 있어야 한다. 배경 지식을 위해서는 아이에게 책을 읽힐 때 정보와 지식 위주의 책과 문학책을 함께 읽히는 것이 필요하다. 그러나 무엇보다 먼저 한국어로 된 배경 지식을 쌓는 것이 필요하다. 한국어로 지식을 습득해두면 그것을 영어로 접할 때 훨씬 수월하다. 우리 아이는 워낙 한글책을 많이 읽고 요즘엔 학습 만화와 유튜브도 열심히 봐서, 어디를 살짝 누르기만 하면 온갖 지식이 튀어나온다. 그런 (잡다할 만큼 많은) 지식과 정보 덕분에 영어책을 2달 만에 200권 읽는 게 가능했다.

배경 지식을 만드는 방

내가 배경 지식을 채워주는 방법 중 하나는 만화를 통해 간접적으로 문화를 배울 수 있게 하는 것이다. 성인이라면 미드나 TED 같은 영상물들을 통해 할 수 있겠지만, 아이는 아직 10살이라 만화를 볼 수밖에 없다. 미국과 영국으로 대표되는 영어권 문화를 보여주기 위해 추천하는 만화는 〈Max & Ruby〉, 〈Timothy goes to school〉,

〈Charlie & Lola〉, 〈Milly & Molly〉, 〈Arthur〉 등이다. 다른 만화도 더 많겠지만 아직 섭렵하진 못했다. 이 정도 만화만 해도 시즌 2, 3까지 나온 것들이 있어서 분량이 상당히 많다.

또 다른 배경 지식을 채우는 방법으로는 한국어로 된 외국 문학책을 많이 읽게 하는 것이다. 나는 어렸을 때 《작은 아씨들》, 《소공녀》 등의 문학 작품을 통해 기숙 학교라든지 티타임 같은 외국의 문화를 알았다. 나중에 영어 읽기 수준이 올라가면 원서로 읽게 될 책을 미리 한국어로 읽게 하는 효과도 함께 얻을 수 있다. 외국 문학책과 함께 추천하는 다른 하나는 위인전이다. 위인전을 그리 좋아하진 않지만 배경 지식을 쌓는 콘텐츠로는 위인전도 추천한다. 한 사람의 일생을 그리다 보면 그 당시 역사와 사회를 그릴 수밖에 없어서 배경 지식을 쌓기에 더할 나위 없이 좋다.

빈 컵에 물을 붓는 것보다 돌이 들어간 컵에 물을 붓는 게 훨씬 적게 물이 들어간다. 투입해야 하는 영어의 양과 에너지가 물이고, 배경 지식이 돌이다. 기억해두자.

읽기만으로
말하기가 가능해진다?

아이와 영어 그림책을 읽은 지 8개월쯤 되었을 때다. 주차를 하고 있는데 집 앞에 8개월된 골든 리트리버가 앉아 있었다. 전에도 만났던 녀석이지만 너무너무 사랑스러워서 아이와 나는 차에서 뛰쳐나올 수밖에 없었다. 사람을 좋아하는 녀석이어서 우리가 반가워하는 기색을 알아채고 앞에 와서 누우며 애교를 부렸다. 30여 분을 함께 있다가 겨우 헤어졌고, 집에 와서도 우리는 내내 그 개 이야기를 했다. 자리에 아이와 누워서 별 생각없이 영어로 말을 했다.

"I met a dog, his name is 뭉치, he has big ears and eyes, has a

handsome nose and mouth. I don't know whether the dog is
he or she. ..."

그러자 아이가 덧붙였다.

"'뭉치' is Golden Retriever. Is (it a) girl?"

내가 "Well, we don't know it is a girl or a boy, yet. So, I called
the dog it, not she or he. Anyway, it's cute."라고 하자 딸은 "Yeah,
cute!"라고 응수하더니 "Want (to) see it!"이라고 이어서 말했다.

얼마 전엔 남편이 아이에게 잘 시간이니까 양치하고 씻자, 화장실
가라, 물 마실래? 등의 말을 계속 영어로 하고 있었다. 왜 그랬나 했
더니 아이에게 뭘 좀 가져다 달라 했더니 아이가 물건을 갖다 주면서
"Here you are."라고 했다나. 그래서 자기도 영어로 말해야 할 것 같
은 느낌적인 느낌에 계속 영어로 이야기했단다. 몇 개월 전만 해도 우
리 집에선 볼 수 없었던, 상상하지 않은 풍경이다.

소리 내어 책 읽는 효과

영어 그림책을 읽기 시작한 지 1년이 되었을 무렵 아이가 낭독을 시작했다. 낭독을 하다 보니 익숙한 표현들이 입에 붙기 시작하고 그런 문장들은 가끔 말로 한다. 시작은 "낭독해야 한대, 낭독을 해보자~" 해서가 아니다. 아이에게 읽어준 책 중에 재미있는 게 있으면 "아빠한테도 이 책 읽어주면 어떨까?" 하고 아이에게 물어본다. 그러면 아이는 아빠에게도 재미있는 이야기를 들려주고 싶은 마음에 자기가 책을 읽어주는 것이다. 아빠는 다음 날 같은 책을 들고 "이 책 진짜 재밌더라. 한번만 또 읽어줘"라며 아이에게 낭독을 부탁하고 그러면 아이는 신이 나서 읽어주다 보니 자연스럽게 낭독이 시작되었다.

아이에게 책을 읽어주다 보면 아이가 잘 따라오는 건가 싶어 확인하고 싶을 때가 많다. 결과물을 확인하고 싶어서 아이에게 "이거 읽어봐" 하면 아이는 신통방통(!)하게도 부모의 의중을 느끼고는 읽기를 달가워하지 않는다. 그러나 아이에게 "네가 읽어주니까 진짜 재밌어~"라며 읽어주기를 부탁하면 신나서 읽는다. 책을 읽어준 아이에게 다시 "너 정말 재미있게 읽어준다!"고 칭찬하면 다음엔 먼저 읽어달라고 하지 않아도 "엄마, 내가 읽어줄까?" 하며 책을 들고 온다.

모든 것은 재미가 있어야 한다. 학습으로서, 해야만 하는 일이어서라고 생각하면 동기는 확 떨어지고 오래 지속할 수 없다. 영어는 한두 달 해서 되는 게 아니라 평생 친구처럼 함께 할 사이여야 한다. 그래서 재미가 중요하고 즐거움이 있어야 한다. 아이가 소리 내어 누군가에게 책을 읽어주는 것이 즐겁고 재미있는 일이라고 느껴야 낭독을 하게 된다.

낭독은 말하기를 위한 전^前단계다. 낭독은 우리나라와 같은 EFL 환경에서 가장 효과적이며 효율적인 Speaking 학습법인데, 정확하고 유창한 발음과 자연스러운 영어 리듬 감각을 낭독을 통해 얻을 수 있기 때문이다. 원어민과의 회화를 꿈꾸기 전에 낭독으로 스피킹 기본기를 쌓으면 영어로 말해야 하는 실전에서 당황하지 않고 자연스럽고도 유창하게 말할 수 있는데, 사람들은 무조건 영어 회화 학원에 등록해서 원어민과 만나야 한다고 생각한다.

그러나 전에도 썼듯이, 기본기를 갖추지 않고 회화 학원에 등록하는 것은 가성비 떨어지는, 좀 더 적나라하게 말하면 학원 전기세를 대주는 것밖에 안된다. 원어민과 몇 마디 나눌 기회도 없을 뿐 아니라 비슷한 수준의 사람들과 이야기 해봐야 늘 수 있는 정도는 한계가 분명하기 때문이다.

같은 콘텐츠를 반복하여 낭독하면 점점 읽기가 유창해질 수밖에 없다. 그렇게 입에 붙은 말은 밖으로 내뱉는 것도 쉬워진다. 밖으로 내

뱉을 수 있는 문장이 아니면 그건 온전히 내 것이 아니다. 낭독을 반복하면 자연스럽게 뱉을 수 있는 내 문장이 많아진다. 자신감은 당연히 생길 수밖에 없다.

요즘 아이와 소리 내서 읽기에 재미를 붙인 책은 《Elephant and Piggy(Mo Willems 작품)》다. AR 0.5~1.3 수준의 시리즈인데 회화 위주로 이루어진 책이어서 회화를 위한 낭독으로 굉장히 좋은 교재다. 아이와 나는 역할을 나누어서 함께 소리 내어 역할극처럼 읽는데 여간 좋아하는 게 아니다. 20권이 넘는 이 시리즈를 반복하여 익숙해지면 웬만한 기초 회화는 가능하지 않을까 싶다.

책 읽기만으로 회화가 가능하냐고? 그렇다고 믿는다. 어떻게 하느냐에 따라 다르겠지만, 나는 충분히 가능하다고 생각한다. 스웨덴에서 3개월 영어를 공부할 때 나는 밤마다 혼자서 《Grammar In Use》의 문장들을 소리 내서 읽고 입에 붙도록 연습했다. 그렇게 입에 붙은 문장은 외국인 친구들을 만났을 때 써먹었다.

원어민을 못 만나서, 이야기할 기회가 없어서 회화 실력이 안 느는다는 생각을 하기 보다는 쉬운 책, 재미있는 책을 골라 입에 붙을 때까지 낭독해보자. 그렇게 하다 보면 어느 순간 Speaking이 부담스럽지 않고 해보고 싶은 날이 올 것이다. 아이들 그림책이 유치하다고 생각하는 사람들에게는 나의 최애 문법책 《Grammar In Use》를 추천한다.

Chapter 4

엄마표 영어
중간 체크

전공자에게도 너무나 비현실적인
엄마표 영어

M 교육연구소에서 하는 엄마표 영어 프로그램에 다녀온 적이 있다. 에너지 넘치는 강사님은 영어책과 관련된 독후 활동 자료들을 나눠 주고 하이톤의 목소리로 끊임없이 말을 쏟아냈다.

"So, what do you see there? Oh, a caterpillar? Yes, it is. What does the caterpillar eat? Do you remember what the hungry caterpillar ate on Friday? 이런 질문들을 하면서 아이들이 무엇을 읽었는지 확인하고 같이 다음과 같은 활동들을 할 수 있죠."

그러면서 어떻게 자료를 가지고 아이들과 활동을 하고 아이들의 흥미를 끌어내는지 이야기하고 책과 관련된 노래를 불렀다. 2시간 남짓

자리에 앉아 있으면서 내내 머릿속으로 같은 질문이 떠올랐다.

'이걸 영어 교육 전공도 안 한 부모들 보고 하라는 거야?'

영어 회화가 되는 나도 강사가 하라는 것들이 부담스러운데, 아이에게 영어로 쉴 새 없이 질문을 던지고 노래를 부를 수 있는 사람이 얼마나 많다고 생각하길래 강사는 저런 것들을 하라고 말하는 걸까 싶었다. 우리나라가 싱가폴처럼 ESL 국가도 아닌데 말이다.

어릴수록 정교한 커리큘럼이 필요한 이유

영어 유아 학원(일명 영어 유치원)에 관한 글을 브런치에 올린 적이 있다. 20년 넘게 영어를 가르쳤다는 선생님 한 분이 이런 댓글을 다셨다. "작게 영어 공부방 하는 사람입니다. 작가님의 글에 많이 공감이 됩니다. 초등부와 중등부를 가르치는데 정말 현실과 이상의 차이는 크다는 걸 느낍니다. 초등부 아이들에게 영어에 대한 흥미를 잃지 않게 가르친다는 건 정말 힘든 일이네요. 초등부도 그런데 영유아들은 어떨까요. 가르치는 사람도 아이들도 많이 힘들 겁니다."

당연한 일이다. 연령이 낮을수록 집중 시간이 짧고 이해력도 낮으니 선생님들이 준비해야 할 것도 많아지고 과정 설계도 세밀하게 신경 쓸 게 많다. 그래서 테솔 과정에서 가장 중요하게 다루는 것이

Lesson Plan을 짜는 것이다. Lesson Plan은 어떤 표현이나 문법 요소를 어떻게 가르칠지 분 단위로 쪼개서 음성적, 시각적, 신체적 활동 등을 고려하여 커리큘럼을 만든다. 보통 50분에서 75분 정도의 수업을 설계하는데, 거기에 드는 시간은 수업의 몇 배가 걸린다. 학습 연령이 낮으면 교구까지 필요하다. 어린이집 영어 교사를 하는 지인들을 보면 활동에 필요한 교구들을 만드는 데만 해도 엄청 시간을 많이 쓴다. 어릴수록 아이들의 집중력이 떨어지기 때문에 흥미를 유발할 수 있는 도구들을 여러 개 만들어야 하기 때문이다.

얼마 전에도 영어 그림책 읽기 수업에서 만난 분이 테솔을 했다고 해서 한참 이야기를 한 적이 있었는데 내용은 이랬다.

"전공도 하지 않은 보통의 엄마들이 어떻게 자료들을 찾고 아이들에게 활동을 통해 영어를 가르칠 수 있을까? 직업으로 영어를 가르치는 선생님들은 직업이니까 하겠지만, 보통의 엄마들이 하기에는 너무 힘이 많이 든다."

결국 그분도 자신의 아이가 5살이지만 아직까지 영어 노출을 하지 않는다며 나의 의견에 동의한다고 했다. 우리는 엄마도 아이도 행복한 적기 교육을 해보자고 결의를 다지며 대화를 마쳤다.

10살,
집중력으로 승부한다

10살에 아이 영어를 시작해서 좋은 점을 하나 고르라면 바로 이거다.

"힘 빼지 않아서 좋다"

초등학교 3학년의 집중력은 당연히 대여섯 살 아이의 집중력보다 높다. 그래서 책과 관련된 읽기 전 활동이나 독후 활동에 크게 집중하지 않아도 책 읽기를 할 수 있다. 그림책 이야기의 힘이 크기 때문에, 그리고 이미 배경 지식이 상당량 있기 때문에 책을 읽으면서 잠깐씩 이야기를 나누거나 읽은 후 이야기를 나누면 그걸로 충분하다. (더 많은 학습을 기대하고 활동을 하시는 분들께는 할 말이 없다. 책 읽기만 꾸준히 해도 충분히 도움이 된다고 믿기 때문에 나는 정말 학습 활동엔 별로 관심이 없다.)

어느 모임에서 각자 아이에게 책 읽어주는 모습을 동영상으로 찍어서 공유한 적이 있었다. 2~3살 아기 엄마들이 아이랑 책을 읽는 모습은 정말 말 그대로 '고군분투'였다. 엄마가 책을 다 읽기도 전에 책장을 넘기는 건 양호했다. 벌떡 일어나 다른 데로 가고 뭐라뭐라 알아들을 수 없는 말로 소리 지르고 떼쓰고 … 책을 한 권 다 읽기도 전에 엄마는 기운이 빠졌다. 6살 아이에게 책을 읽어주는 엄마의 사정도 크게 다르지 않았다. 책 읽자고 하니까 다른 곳으로 가려는 아이를 잡아다가 읽어주는데 딴청을 한다. 아이 수준에 맞는 책을 고르지 않아서, 아이가 책 읽는 것보다 춤추고 노래하는 걸 더 좋아하는 성향의 아이여서 그럴 수도 있지만, 공통적인 것은 무엇보다도 집중력이 낮기 때문에 벌어지는 일들이었다.

그래서 어린이집 특별 활동 영어 교사나 영유아 영어 수업 교사들이 수업에 쓰는 에너지는 성인 수업에 쓰는 에너지보다 훨씬 크다. 목소리도 크고 높아야 하고, 교구를 쓰면서 액션도 훨씬 크게 해야 하니 당연할 수밖에.

오래 같이 할 수 있는 활동, 책 읽기!

언젠가 영어 그림책 수업에서 만난 한 엄마가 "밤 늦게까지 파닉스 가르치려고 단어들을 손코팅 했다"고 이야기했다. 그렇게 잠도 못 자며 만든 교구인데 아이가 흥미를 안 느끼면 어떠겠냐고 물었다. 당연히 돌아온 대답은 "화가 날 것 같다"고 했다. 누구를 위한, 무엇을 위한 엄마표 영어 활동인가 물어야 할 지점이다.

아이에게 영어책을 읽어주고 있다고 엄마표 영어에 대해 이야기를 하면 10명 중 9명은 나에게 이렇게들 이야기 한다. "난 시간도 없고 게으르고 귀찮아서 못해."

나도 그렇다. 귀찮은 거 싫어하는 걸로 따지면 나야말로 귀차니즘 대마왕이다. 강의와 강의 준비를 해야 하고 교육 기획 일도 해야 해서 전업주부보다 여유로운 시간이 많지 않다. 가사도우미를 쓸 수 있는 여력이 없어서 여느 주부처럼 집안일도 해야 한다. 게다가 나에게만 오롯이 쓰는 시간이 필요한데, 그 얼마 안 되는 진짜 '내 시간'을 아이 교구 만드는 데 몇 시간씩 들일 수 없지 않나.

프리랜서처럼 일하는 내가 이런데 종일 일하는 워킹맘들은 어떨까? 워킹맘이 아니어도 엄마들도 사람들을 만나 이야기하고 차 마실 시간이 필요하고, 장 볼 시간이 필요하다. 직장에서 일하는 것만큼 할 일이 많다. 아니 더 많을 수도 있다. 해도 눈에 띄지 않는 일투성이다.

그래서 하루에 30분 책을 읽어주라는 것도 부담스럽다. 그런데 거기에 교재를 찾고 교구를 만드는 일까지 하라니. 그것도 모자라 아이에게 말을 걸기 위해 영어 회화까지 공부해야 하다니. (요즘 엄마표 영어 하는 엄마들을 위한 생활 영어 회화 교재가 계속 새로 나오고 있다. 여기에도 할 말이 많지만 일단 여기선 넘어가겠다.)

어쩌면 나는 게으르고 귀찮은 나를 위해 아이와 영어 그림책 읽기를 시작했는지도 모른다. 우울하고 무기력할 때, 아이에게 해줄 수 있는 일이 가장 에너지가 적게 드는 책 읽어주기밖에 없었던 것처럼. 그렇게 6개월을 함께 아이와 영어 그림책을 읽었더니 이렇게 말하고 싶어진다.

"영어 그림책을 읽어주는 것만으로도 충분해요."

아이가 너무 어릴 때 그렇게 아등바등하지 않아도 된다. '엄마와 아이가 함께 행복해야' 오래 오래 같이 할 수 있다. 영어는 하루아침에 되는 게 아니다, 여느 언어가 그렇듯이.

엄마표 영어에서
기억해야 할 것

몇 년 전, 아는 분이 자녀 과외를 부탁해서 한 적이 있다. 아버지는 서울대 출신의 의사이고 어머니도 학력이 좋은 분이어서 자녀에게 기대하는 게 많았는데, 그 자녀는 소위 '문제아'였다. 툭하면 가출하고, 학교 수업 땐 매일 자고. 그러니 성적이 좋을 리 없었다. 고등학교 2학년인 아이를 만나 보니 영어는 중학교 3학년 수준이었다. 이야기를 들어보니 그게 초등학교 저학년 때의 실력이라고 했다. 초등학교 저학년 때 영어 학원에 보냈는데 애가 잘해서 부모가 욕심을 부려 공부를 많이 시켰고, 그게 너무 큰 압력으로 작용하여 아이가 모든 걸 중단하고 엇나가기 시작한 것이다.

그 부모는 절대로 아이가 엇나가라고 그렇게 하지 않았을 것이다. 당연히 아이가 잘 되길 바라고 집중적으로 영어를 배울 수 있게 환경을 제공했을 텐데, 아이의 속도를 고려하지 않았고, 아이의 내면을 들여다보지 않았기 때문에 문제가 생긴 것이다. (우연히 글을 쓰기 직전에 MBC에서 방영하는 〈공부가 머니?〉라는 프로그램을 봤다. 컨설팅을 의뢰한 연예인 부부에게 교육 전문가들이 한 말이 "아이에게 맞는 교육을 하라, 아이의 마음을 좀 더 들여다봐라"다.) 십여 년간 다양한 영어 교육 기관을 거치며 부모의 사랑이 욕망으로 변질된 것을 수없이 보았다. 욕망이 사랑으로 포장된 게 더 정확한 표현일 수도 있겠다. 많은 사람들의 입에 오르내리며 방영되었던 드라마 〈SKY 캐슬〉에서 이 부분을 너무나 잘 묘사하지 않았나. 나 역시 내 아이가 잘해서 나를 빛내주길 바라는 욕망으로부터 자유롭지 않다.

아이가 먼저다

도서관이나 복지관에서 강의를 하다 보면 비슷한 질문을 받는 경우가 많다. 그중 하나가 아이를 어릴 때부터 학원에 보내서 영어를 가르쳤다가 영어 자체를 싫어하게 된 자녀에게 어떻게 해줘야 할지 모르겠다며 아이 요구대로 해줘야 할지, 학원 수준에 맞춰서 계속 강행해야 할지를 묻는 질문이다.

　나는 두말 할 것 없이 일단은 학습을 멈추라고, 아이가 영어를 좋아하게 만드는 게 먼저라고 말하지만, '아이가 영어를 못하면 어떻게 하지?' 하는 초조한 부모들 앞에서 당장 그만두라고 칼같이 말하기란 쉽지 않다. 그러나 일단 아이가 영어가 싫다고 하고, 그게 중고등학교까지 쭉 이어진다면 정말 생각만 해도 암담하다. 공부는 모르는 것을 알아가는 즐거움과 신비함으로 가득해야 하는데 싫어하는 마음에선 그런 것들이 생겨날 리가 없다. 적어도 수년 간 해나가야 할 공부인데 부모의 초조함과 압박이 아이에게 전해진다면 즐거움과 신비함은 설 자리를 잃게 되고, 스트레스만 남을 것이다. 영어가 스트레스만 주는 교과목이 된다면 그 아이가 영어를 좋아하고 잘해서 누릴 수 있는 많은 것들을 놓치는 것이다.

　이런 상황에 맞닥뜨렸을 때 부모가 할 수 있는 일은 부모 자신이 가지고 있는 초조함과 막막함을 직시하는 것이다. 이 초초함과 막막함은 당연히 느낄 수 있다는 것을 인지하면 부모 자신이 받는 스트레스가 일단 줄어들 수 있다. 감정을 알아차리는 것이 감정에 압도당하지 않도록 돕기 때문이다. 그런 다음에 그 초조함과 막막함이 아이에게 전달되어서는 안 된다는 사실을 기억하고 전달하지 않도록 마음의 준비를 하는 것이 필요하다. 부모가 마음의 준비를 하고 실행 방법을 강구할 때 아이에게 압력이 전달되지 않으면서 아이가 편안해질 때까지 기다려줄 수 있기 때문이다.

아이를 키우는 자세, 교감

아이 방학이 끝났다고 하면, 또는 아이를 어린이집에, 학교에, 학원에
보내기 시작했다고 하면 주변에서는 흔히들 "편해지겠네~"라고 반
응한다. 맞다. 편해지고 내 시간도 생긴다. 그게 나쁘다고 생각하지
않는다. 엄마들에게도 충전할 자기만의 시간이 필요하니까. 워킹맘이
라, 돌봐줄 사람이 없어서 어쩔 수 없이 학원 뺑뺑이를 돌리는 건 뭐
라 할 수 없다. 그건 사회 시스템이 못 받쳐주는 거니까 개인에게 뭐
라 할 수 없는 거다. 본인의 실력이 부족하다고 생각해서 전문 기관에
맞기는 거라고 하기도 한다.

그러나 이런 이유들보다는 단지 귀찮아서 또는 빨리 성과를 보고
싶어서 외부로 우리 아이들을 내보내는 게 아닐까? '내가 실력이 안
되어서'는 변명이라는 걸, 이미 실력이 안 된다는 많은 엄마들이 엄마
표 영어로 증명해주었다. 돈이 있어서 외주 주는 건 자본주의 사회에
서 너무나 당연한 일이다. 그게 효율적이고 효과적이니까. 그러나 그
게 어린 자녀의 교육에까지 당연하게 적용되어야 하는 것인지 잘 모
르겠다. 어린 자녀의 교육은 부모와 아이의 관계와도 밀접한 부분이

있다는 점에서 더 그렇다.

밤마다 아이에게 영어 그림책을 읽어주면서 제일 중요한 건 아이와 '교감'하는 것이라는 것을 깨달았다. 아이가 빨리 영어를 배우는 것이 중요한 게 아니라 아이와 시간을 함께 보내는 것과 거기에서 생겨나는 교감이 중요한 것이다. 며칠 전 아이가 학교에서 재밌게 읽은 한글 동화책을 빌려와서 나에게 읽어주었다. 색다른 경험이었다. 자신이 느꼈던 감동과 즐거움을 엄마에게도 나눠주고 싶어서 책을 읽어주는 딸이 사랑스러웠고, 함께 책을 읽으며 쌓아가는 교감이 얼마나 자녀와의 관계에서 중요한 역할을 하는지를 다시 한번, 깨우쳤다.

만약 교감이라는 걸 생각하지 못하고 효율만 생각했다면 어땠을까. 사실 아이를 키운다는 건 효율을 생각할 수 없는 일이다. 효율을 생각했다면 아마 나는 영어책 읽기를 시도하기도 전에 3개월 안에 파닉스를 떼어야 하거나 읽기 레벨을 1점 이상씩 올려야 한다는 생각에 아이가 힘들어하든지 말든지 무섭게 아이를 몰아쳤을지도 모른다. 그리고 옆집 엄마의 이야기를 듣고 옆집 아이와 내 아이를 비교하며 다그쳤을지도 모르겠다. 시작부터 결과만을 생각하고 효율적으로 교육을 할 생각만 한다면 그 과정에서 오는 즐거움과 교감은 아예 존재하지 않을 것이다.

속도와 결과에 집착하지 않는 것, 어렵지만 그것이 아이를 키우는 우리가 가져야 할 자세다. 영어뿐만 아니라 아이와 관련된 모든 면에서.

하루 3시간
영어를 노출하라고?

엄마표 영어가 진짜 어려운 이유는 '하루에 3시간 노출을 무조건 영어로 채워줘야 한다'는 부담 때문인 것 같다. 3시간 노출이라는 것은 듣기와 읽기에 3시간을 노출시키라는 것인데, 엄마표 영어를 진행하는 기간 동안에는 '영어 노출 3시간을 채우든 말든 상관없이 한글 TV 시청도 안 되고, 한글 자막 만화 시청도 안 되는, 오직 영어로만 미디어와 책을 접하는 생활'을 해야 한다.

우리 가족의 경우, 나는 TV 시청을 좋아하지 않는 사람이지만 아이 아빠는 내향적인 사람(일명 '집돌이')이고 술이나 담배를 하지 않아서, 1주일에 한 번 사회인 야구를 하는 것과 TV 보는 것으로 스트레스를 푸는 사람이다. 그런 그에게 TV를 없애자고 하는 건 스트레스를 풀지 말라는 것과 같은 의미이고, 딸도 '집순이'인데다 아빠랑 같이 예능 보며 깔깔거리는 게 아빠랑 공유하는 중요한 취미 생활 중 하나다. (그렇다고 둘이 맨날 주구장창 예능만 보는 건 아니다. 내가 집에 없을 때만 가능한 공동의 일탈 행위랄까) 3명 중 2명이 TV 시청을 좋아하는데 영어 때문에 한글 프로그램 시청 금지를 내리면 엄청난 반발을 일으킬게 분명했다.

북유럽에서 만난 북유럽 친구들이 해준 이야기에 따르면, 그들은 어릴 때부터 더빙된 만화나 영화 대신 자막이 있는 영어 만화나 영화를 보면서 자랐고 그 덕에 영어를 자연스럽게 배울 수 있었다고 했다. 자막이 있어도 영어를 배우는 데 문제가 없었다는 생각을 한 나는 영어 만화 시청의 '연착륙'을 위해 한글 TV 시청을 금지하지 않았고, 초기에 아이가 원하면 한글 자막이 있는 영어 만화를 보여주기도 했다. (물론 가능하면 자막 없이 보게 하려고 살짝 실랑이를 하기도 했지만.)

아이들이 학교 끝나고 학원까지 다녀오면 하루 3시간 영어에 노출을 시키는 게 쉽지 않다. 그래서 많은 엄마표 영어책에선 틈틈이 노출을 시키라고 한다. '흘려듣기'를 위해 아침에 일어나서 등교·등원할 때까지 영어 동요를 틀어주고, 차 타고 이동할 때도 무조건 영어 동요를 틀어주라고 한다. 아이들이 놀 때 흘려듣기를 위해 영어 동요나 영어책 읽어주는 음원 또는 영어 만화를 틀어주고, '집중 듣기'를 위해서 아이마다 차이가 있지만 평균 15~30분씩 음원을 들으며 책을 손으로 짚어가며 읽으라고 한다. 그래야 겨우 3시간을 채울 수 있다는 것이다.

강박이 사라지면 엄마표 영어는 행복해진다

왜 꼭 3시간일까? 주장하는 사람들에 따르면, 중학교부터는 수학에 집중해야 하기 때문에 중학교 들어가기 전에 영어를 떼어줘야 하는데, 언어를 말하기까지는 대략 3,000시간이 필요하고 3년간 하루 3시간씩 들으면 그 시간을 채울 수 있기 때문이라는 것이다. 그런데, 여기서 질문. 꼭 3년 안에 영어를 다 떼어야 하나? 그리고 꼭 중학교 가기 전에 떼어야 하나?

어떤 아이는 일찍 영어에 눈 뜰 수도 있다. 초등학교 1학년 때부터 영어에 관심을 가지기 시작하면 중학교 입학까지 6년이나 남아있는데, 그럼 하루에 한 시간 반만 영어에 노출되어도 되는 거 아닌가? 꼭 중학교 들어가기 전까지 영어를 마치지 않으면 수학이 뒤떨어지나? 고등학교 전까지 영어와 수학을 병행한다고 하면 시간적 여유는 더 생긴다. 하루 30분에서 한 시간만 노출을 해도 되는 것이다. 이렇게 생각하면 하루 3시간 노출이라는 강박이 사라진다. 내가 처음에 한글 자막으로 만화를 보여줄 수 있었던 것도 이런 강박이 없었기 때문에 가능했다.

강박이 없으면 아이도 엄마도 여유가 생긴다. 행복한 엄마표 영어의 시작은 거기서부터다.

영어 유치원 NO!
유아 영어 학원 YES!

한국에서 10년 넘게 살아온 미국인 친구 A가 갑자기 본국으로 돌아가게 되었다. 가기 전에 같이 밥 한번 먹자고 만났는데, 얼굴 본 지 좀 되어서 만나자 마자 근황을 전하는 가운데 이 친구와 아는 또 다른 미국인 B에 대해 이야기하게 되었다.

"B가 결혼했다고?"

"어, 네가 아는 한국인 ㄱ이랑. 그리고 지금 영어 학원에서 어린 애들 가르쳐. '영어 유치원'이라고 하는 학원 있잖아."

"그렇구나. 어떻대?"

"일한 지 한 달 되었을 때, 일하는 거 괜찮냐고 물어봤는데, 슬프다고 대답하더라."

(고개를 끄덕이며) "그만 둬야 해. (영어 유치원) 진짜 최악이야."

유아영어학원 교사로 일했던 B는 아이들을 보고 있으면 슬프다고 했다. 놀고 싶지만 못 놀고 장시간 앉아서 공부하는 아이들이 안쓰러워서 그렇다고 했다. (결국 B는 6개월 만에 학원을 그만두었다.) 그 이야기를 다 생략하고 나는 A에게 그저 "She said she felt sad."라고만 이야기했으나 A는 단번에 그게 무슨 의미인지 이해하고 고개를 끄덕였던 것이다. 그래서 물었다.

"너도 영어 유치원에서 일해본 적 있어?"

"8개월 정도 일했는데 정말 싫었어."

"왜?"

친구는 옆에 앉아 있던 자신의 만 3세 딸을 가리키며 말했다.

"이런 (어린) 애들을 몇 시간씩 앉혀 놓고 글자 읽는 법, 쓰는 법을 가르쳐. 20분도 집중하기 어려워하는 어린 애들한테 말이야. 생각해 봐, 이런 애들한테 몇십 분씩 앉혀 놓고 그런 걸 가르치는 게 당연한 거야? 그것도 이해도 못하는 언어로? 그게 자연스러운 거냐고. "

영유의 본래 명칭은 유아 영어 학원이다. 유아 대상 영어 학원은 유아교육법에 따라 설립된 정식 유치원이 아니다. 유아를 대상으로 영어를 가르치는 사설 학원일 뿐이다. 교육부에서는 영어 유치원이라는 명칭을 사용하는 것을 불법으로 규정하고 적발하고 있지만, 학원들은 엄마들을 속이기 위해 벌금 따위 마다하지 않고 유치원이라는 말을 사용한다. 그리고 엄마들은 유치원이라는 말 앞에 학습에 대한 죄책감을 버린다. 만 3세부터 학원을 보낸다고 하면 주위에서 곱게 보지 않겠지만, 유치원에 보낸다고 하면 당연하게 보이니까.

하루 종일 애들에게 학습을 시킨다는 이야기에 "정말 하루 종일 그런 건 아닐 거 아냐?"고 묻자 바로 대답이 돌아왔다.

"음. 쭉 공부하다가 잠깐 놀고, 다시 공부하다가 밥 먹고, 다시 공부하다가 잠깐 간식 먹어."

놀이 중심 영어 유치원이 있다고들 한다. 그런데 언젠가 신문에 소개된 대치동에서 제일 인기 많다는 P학원의 커리큘럼을 보면 미국 초등학교 교과서를 비롯한 교재가 37권에 달하고 하루의 절반이 훌쩍 넘는 시간이 파닉스, 읽기 등의 학습 시간으로 짜여져 있다. 이런데도 놀이 중심이 가능할까?

친구는 마지막으로 한마디 더 했다.

"교사들도 정말 너무 아니야. They are so mean. 애들이 공부에 집중하지 않으면 때리기까지 해."

정말 그 정도냐고 했더니 "부모들이 원하는 성과를 내려면 어쩔 수 없어서, 부모들이 그렇게 원하기도 해서 그렇다"고 대답했다.

영어 유치원에 보내기 전에 생각해야 할 것

영어 유치원이 유아교육법에 따라 정식 설립된 학교가 아니다 보니 교사 또한 유치원 정교사, 보육교사 자격증이 없는 사람들이 많다. 그래서 항상 교사 자질 논란이 있다. 원어민의 경우는 인성 논란이 많아서 초등학교나 중학교 원어민 교사 자질을 파악하고 판단하여 파견하는 기관과 인력이 따로 있을 정도다. 유아의 발달과 관련 교육에 대한 지식이 없는 원어민도 허다하다. 앞에서 이야기한 B도 전공은 교육과 전혀 무관하다. 실례로 작년에 같이 영어 캠프 커리큘럼을 짜는데 내가 다 교안(Lesson Plan)을 샘플로 짜주고 참고해서 다른 교안을 준비해오라고 했을 때 자기는 이런 걸 해본 적이 없어서 너무 어렵다고, 못하겠다고 하소연을 하기도 했다. 그런 친구가 지금 영어 유치원에서 원어민이라는 이유 하나 때문에 전일제 선생님으로서 일했던 게 가능했다. (그 친구의 자질을 비하하는 건 아니다. 그 친구는 착하고 좋은 사람이고 아이들을 사랑하는 사람이지만, 교육과는 전혀 무관했던 사람이 하루 아침에 원어민이라는 이유 하나만으로 전담 교사가 되는 일반적인 상황을 설명하려는 것뿐이다.)

무엇보다 가장 중요한 문제는 교사의 자질도, 커리큘럼도 아니라 아이들에게 미치는 정서적 영향이 부정적이라는 것이다. 한참 영어 유치원이 유행일 때 영어 유치원 10곳이 생기면 소아정신과 한 곳이 생긴다는 이야기가 떠돌았다. 유명 소아정신과 의사가 팟캐스트에서 이야기했다가 업계 종사자들에게 근거 없는 이야기라고 공격을 받았다는데, 최근에 그 이야기에 힘을 실어주는 설문조사 결과가 나왔다. 그 조사에서는 소아정신과 전문의 70퍼센트가 조기 영어 교육에 부정적인 의견을 냈고 특히 가장 적합하지 않은 교육 형태로 영어유치원을 꼽았다. 소아청소년정신과 교수의 사교육 시간과 우울증과의 관계를 보여주는 연구에서도 '사교육 받는 시간이 많아질수록 우울증상을 보이는 비율도 높아지는' 결과를 보여주었다. 한림대 성심병원 소아청소년정신과 홍현주 교수에 따르면 영어 유치원을 다니는 아이들이 '비난 공격 상황에 처함, 불안과 좌절감 경험함, 자존감 상함'을 방과 후 영어학원을 다니는 아이들보다 더 많이 경험하는데, 특히 '좌절감을 경험함' 항목에서 그 차이가 훨씬 두드러지는 것으로 나타났다. 좌절감이 높으니 우울증이 생기는 게 당연하다.

창의력에 문제가 생긴다는 연구 결과도 있다. 국무총리 산하 국책연구소인 육아정책연구소가 5세 유아 및 초등학생 270명을 조사한 결과에 따르면 사교육의 양이 증가할수록 아이의 창의성이 떨어졌다. 이화여대 유아교육과 이기숙 교수가 진행한 연구에서도 같은 결과가 나왔다. 웬만한 건 다 기계가 해주는 AI 시대에 살아남을 수 있는 방법은 창의성밖에 없다는데 영어 유치원은 이 문제에서 자유로울 수 있을까?

이 글을 쓰면서 여러 논문과 기사를 검색하면서 가장 충격적으로 와닿은 말은 서유헌 가천대 뇌과학연구원장의 말이다. 그는 단도직입적으로 이렇게 말했다.

"가늘고 엉성하게 연결된 전선에 과도한 전류를 흘려보내면 불타버리죠? 어릴 때 하는 과잉 사교육도 마찬가지예요. 뇌신경에 불을 내는 셈이죠."

서 원장은 "3~6세 유치원 때에 초등학교 과정을 선행 학습하면 그 시기에 발달해야 하는 전두엽에 악영향을 끼친다. 이 시기에는 창의·인성을 길러주고 동기를 유발하는 교육을 해야 한다. 전두엽 장애는 주의 집중 저하와 동기 결여로 이어지고 ADHD(주의력결핍과잉행동장애) 원인이 된다. 주의가 산만하고 충동적으로 변해 인성과 창의성도 떨어진다. 3만 년 전 네안데르탈인이 멸망한 것도 전두엽이 발달하지 못해서였다"고 말한다. 영어 유치원을 고민하는 부모라면 100세 시대를 살아가야 할 아이의 두뇌를 어릴 때 망가뜨리면서까지 영어를 배워야 하는 이유가 도대체 무엇인지 정말 생각해보면 좋겠다.

소통을 중요하게 여긴다면

대학 친구 중에 어릴 때 외국으로 이주해서 국제학교에 다닌, 한국어보다 영어가 훨씬 편한 친구가 있다. 몇 년 전, 이 친구와 조기 영어 교육에 관한 이야기를 한 적이 있었다. 비용 대비 효과면에서 나는 부정적이었지만 친구는 그래도 영어 유치원 출신들을 보면 원어민만 알아챌 수 있는 미묘한 차이는 있다고 했다.

요즘과 같은 글로벌 시대에, 원어민만이 아는 그 미묘한 차이가 얼마나 중요한지 난 모르겠다. 지난 주에도 영어 캠프에서 통역하느라 여러 나라에서 온 친구들이랑 이야기해보았는데, 중국식 영어든 남미식 영어든 소통만 가능하면 아무도 상관하지 않았다. 선생님으로 온 사람들 중에는 우리나라 출신인데 미국으로 건너간 분이 계셨는데, 발음이나 억양으로 보면 내가 훨씬 더 원어민스러웠다. 그러나 사람들은 그분이 연륜에서 우러나오는 경험을 바탕으로 말씀하실 때 억양이나 발음과 상관없이 더 집중하고 진심으로 반응했다. 그 모습에서 '중요한 건 콘텐츠'라는 사실을 다시 한번 확인했다.

이 콘텐츠의 힘은 결국 생각하는 힘에서 나오고, 생각하는 힘은 집중력, 창의력, 배경 지식 등이 작동해서 길러진다고 본다. 수천만 원의 비용을 들여 얻는 것이 고작 조금 우월한 발음과 미묘한 늬앙스 차이라면 나는 그 돈으로 1년간 아이와 세계여행을 선택할 것이다. 경험만큼 동기 부여를 확실하게 해주는 건 없으니까. 세계를 경험한 아이가 가지는 무한한 가능성이 더 가격대비 월등한 효과라고 생각하니까.

이렇게 말해도 보낼 사람들은 유아 영어 학원에 자녀들을 보낼 거다. 위험 요소가 보이고 주변에서 부정적인 경험을 하더라도 정작 본인의 이슈가 되면 '나에게는 그런 일이 안 일어나겠지.'라고 생각하는 게 우리의 모습이니 말이다.

엄마표 영어 도중
슬럼프가 찾아올 때

친한 후배를 만났다. 후배가 수학 학원 원장이어서 학부모로서 수학에 관한 고민을 이야기했다. 이런 저런 이야기를 들은 후배는 그 정도면 걱정하지 않아도 된다고 했다. 수포자였던 나로서는 나름 고민이라고 말했는데, 후배는 "자라 보고 놀란 가슴, 솥뚜껑 보고 놀란다"는 말로 정리해주었다. 그 말을 들으며 생각했다.

"영어를 잘 못한다고 생각하는 학부모들이 자녀 영어 교육에 대해 나에게 털어놓는 것과 같은 거지."

후배의 말을 듣고 나니 안심이 되었다. 수학 때문에 아이를 닦달하는 편은 아니지만, 내심 불안했던 마음에 가끔 아이와 실랑이를 벌였던 게 내심 후회스러웠다. 이후 유심히 보니 아이가 내 생각보다 더 잘 하고 있는 게 눈에 보였다. 다른 애들보다 연산이 느리고 정확하지 않다고 생각했는데 그렇지 않다는 게 여러 경로로 확인되었다. 그전에는 불안함 때문에 보이지 않던 것들이 후배와의 대화 이후 다르게 보였던 것이다. 어찌보면 후배가 해준 이야기들은 별것 아닌데, 누군가에게 내 고민을 털어놓고 조언과 격려를 들을 수 있었던 것이 크게 작용한 것 같다.

영어를 못해 고민하는 엄마들에게

얼마 전에도 아이 친구의 엄마가 상담을 요청해와서 두어 시간 이야기를 나눴는데, 그분이 계속 나에게 했던 말 중 하나가 "내가 영어에 대해 모르니까, 영어를 못하니까"였다. 어차피 부모가 영어를 전공한 영어 선생님이 아닌 이상 영어를 아이에게 가르치는 건 한계가 있다. 하지만 아이의 흥미와 관심사, 수준 정도를 파악해서 그에 맞는 학습 도구들과 방법을 찾아주는 것은 충분히 할 수 있고, 그것이 '엄마표 영어'라고 생각한다. 그런데 부모들은 왜 유난히 다른 과목에 비해 영어에 주눅이 들고 더 부담을 크게 느낄까?

아마도 막연한 공포심이 아닐까 싶다. 내가 영어에 대해 잘 모른다는 느낌에서 오는 불안함 같은 것 말이다. 내가 영어에서 성공해본 경험이 없는 게 막연히 걱정하게 만들고 아이의 영어에 더욱 매달리게 하는 것 같다. 언젠가, 국내파로 영어를 배우고 국제기구에서 일하는 친구랑 이야기하다가 "부모들이 다들 자녀의 영어를 원어민처럼 잘하게 하려고 아이가 영유아 때부터 매달린다"는 나의 말에 한마디 했다.

"꼭 그렇게까지 해야 해? 왜 꼭 영어를 잘해야 해?"

나도 그렇게 생각한다고 했다. 영어를 잘하면 너처럼 국제기구에서 일할 수도 있고 다양한 기회가 훨씬 많겠지만 우리 사회에 부는 조기 교육 광풍처럼 그렇게까지 해야 하는지 나도 잘 모르겠다고. 그런데 너나 나나 이런 이야기를 할 수 있는 건 우린 나름대로 국내파로서 영어 쪽에서 성공한 경험이 있기 때문에, 동기 부여만 잘 되면 대학 이후에 영어 공부를 해도 늦지 않다는 걸 우린 알고 있어서 이렇게 이야기할 수 있는 것 같다고 했다. 또 해보니까 영어가 그렇게 대단한 게 아니라는 생각도 들어서 그렇게 생각하는 것 같다며 대화를 마쳤다.

결국 부모 자신이 영어에 대해 어느 정도 자신감이 있으면- 어느 정도 수준에 도달하는 데 성공해본 경험이 있으면 (이건 꼭 영어에만 국한되는 것 같진 않다) 또는 언어 습득에 대한 정보가 있으면 조기 교육이나 선행에 매달리지 않는 경우를 종종 보았다. 물론 아닌 분도 있다. 개개인의 차이겠지만. 영어에 자신이 없는 엄마들에게 어떤 식으로 언어 습득이 이루어지고 우리 나라 같은 EFL 환경에서 효율적으로 언어를 학습할 수 있는지를 알려주고 나면 엄마들은 훨씬 불안감이 줄어든 상태에서 아이와 영어를 즐기는 방법으로 시작하게 되는 것을 강의를 통해 만난 엄마들을 보며 확인할 수 있었다. 그렇게 불안감이 줄어든 엄마들은 그냥 남들이 하니까 하는 사교육이 아니라 자신의 아이에게 맞는 방법을 찾아간다.

즐겁게 공부하기 어려운 이유

막연한 공포심은 사교육 시장에서 딱 건드리기 좋은 포인트고, 부모들은 '나는 모르니까'라며 학원에 그냥 맡긴다. '열심히 학원 다니면 잘하겠지' 하는 막연한 심정으로. 그러나 학원이란 곳은 결국 잘하는 상위 10%를 위한 곳이고 아이가 수준에 맞지 않으면 돈과 시간 대비 얻을 수 있는 결과는 많지 않다. 아이를 학원에 보내는 이웃집 엄마들을 만나면 그리고 학원 가서 한 번 상담하고 나면 학원에 보내지 않고는 영어를 배울 수 없다고 생각한다. 학원 가는 시간에 차라리 집에서 영어책을 읽고 영어 음원을 듣거나 동영상을 보는 게 노출량과 결과 면에서 훨씬 나을 수 있다는 말은 귀에 들어오지 않는다. 오죽하면 엄마표 영어를 시작하는 엄마들에게 당부하는 것 중 하나가 '옆집 엄마를 만나지 말 것'이라는 우스갯소리가 있을까. (우스갯소리로만 끝나지 않는다는 게 현실이다.)

옆집 엄마뿐 아니라 SNS에는 뭐든 잘하는 아이들과 그 부모들의 사진과 이야기가 넘쳐난다. 내 아이보다 훨씬 어린데도 영어로 하고 싶은 말을 줄줄 해대는 아이들의 영상이 부모의 상장처럼 떡하니 올라와 있다. 그런 영상이나 글들을 보면 나도 더 일찍 시켰어야 했나, 내가 잘못 선택한 건 아닌가 하는 불안함이 슬그머니 올라온다. 그러고 나면 나도 모르게 아이를 들여다보는 눈이 달라져 있다. '아니, 저 단어를 아직도 모르는 건가. 저 만화를 아직도 이해 못하는 건가' 하는 눈초리로 말이다. 이런 것들이 조바심으로 나타나고 결국 아이를 닦달하게 되고 진도 빼기에 바빠진다. 다른 부모들이 하는 것을 곁눈질하면서 말이다.

기대하는 만큼 빨리 속도가 나지 않아 예상 기한(?)에 원하는 수준에 다다르지 못하면 진이 빠지면서 손을 놓게 되는 수도 있다. 한 번 손을 놓으면 다시 되돌리는 건 훨씬 기운을 많이 쏟아야 한다. 아이가 감기에 걸리고 연이어 나도 걸리면서 잠자리에서 3권씩 읽어주던 책 읽기를 일주일 정도 안 했던 적이 있다. 그랬더니 그 습관이 잘 돌아오지 않는 거다. 어영부영 다른 거 하다가 잠들기 십상이었다. 이전에 엄마표 영어를 했던 수많은 부모들의 '인내심을 가지고 믿고 기다려 줘라, 꾸준히 하라' 등의 조언은 다 이런 과정을 거쳐서 나온 것이다.

정체기를 인정할 줄 아는 여유

초기에 쑥쑥 흡수하며 늘던 아이는 어느 순간 (대략 AR 2점대 중후반 정도에서) 정체기를 겪는다. 당연한 거다. 영어는 계단식으로 늘기 때문이다. (성인도 마찬가지다.) 그때 막연함과 불안함이 찾아온다. 열심을 내던 엄마는 눈에 잘 띄지 않는 성과 때문에 지쳤다는 느낌도 든다. 그러나 그건 엄마의 느낌일 뿐 아이는 계속해서 앞으로 가고 있다. 겉으로 잘 드러나지 않을 뿐, 아이는 계속해서 영어를 흡수하고 있기 때문이다.

엄마가 지쳐서 평소보다 못 미치게 아이에게 책을 읽어줄 수도 있고 아예 며칠 빼먹을 수 있을지도 모른다. 괜찮다. 아예 손을 놓지만 않으면 된다. 내가 좀 지쳤구나, 정체기처럼 느껴지는구나 알아차리고 조금 느슨하게 가면 된다. 책을 못 읽어주겠으면 같이 영어 만화를 보면 되고, 그것도 힘들면 내가 좋아하는 팝송이라도 틀어놓으면 된다. 한동안 내가 좋아하는 팝송을 틀어놓았더니 아이는 그중 마음에 드는 노래를 자기 플레이리스트에 저장해놓고 열심히 듣고 가사도 찾아보길래 같이 불러보자고 했다. 그렇게 해서 노래를 몇 번 같이 불렀더니 쉽지 않은 노래를 거의 다 외우게 되었다. 영어 노래 하나를 외운다는 게 영어 학습에서 얼마나 큰 자산이 되는지를 경험적으로 아는 나는 '그걸로 충분하다'는 자기 위로로 죄책감과 무력함에서 벗어났다.

막연한 공포심 또는 불안함이 조바심을 만들고 조바심이 자칫하면 자녀와의 관계도, 영어에 대한 흥미도 잃게 만들 수 있다는 면에서 불안함을 벗어난다는 것은 중요하다. 그렇다면 어떻게 그 불안함에서 벗어날 수 있을까. 나는 비슷한 교육 철학을 가진 사람들의 모임을 통해서 가능하다고 생각한다. 지난해 도서관과 복지관에서 강의를 하고 나서 후속 모임으로 영어 그림책 모임이 꾸려졌다. 한 모임은 일주일에 한 번씩 모여 쌍둥이책인 영어 그림책과 한글책을 읽고 있고, 다른 한 모임은 매주 영어 그림책 한 권을 정해 필사를 하는 모임이다. 두 모임 다 영어 그림책을 함께 읽는 게 주된 목적이지만, 내가 볼 때 그보다 더 중요한 역할은 엄마들 본인의 자신감을 키우면서 사교육에 휩쓸리지 않도록 함께 격려하고 정보를 공유하는 것이라는 생각이 든다.

직접 만나 이야기를 나누고 함께 영어책을 읽어 나가는 모임을 만들 수 있다면 더없이 좋지만, 물리적 · 환경적으로 쉽지 않다면 온라인으로 모임을 하는 것도 괜찮다. 같이 해볼 지인 3~4명만 모으면 충분하다. 함께 읽을 책을 정해 읽고 인증샷을 올린다거나, 책을 정하지 않더라도 각자 그날 아이와 읽은 책에 대해 이야기한다거나 하는 것만으로도 충분히 모임이 유지된다. 그러면서 함께 불안함도 나누고 노하우도 나누며 막연한 터널 같은 시간을 지나는 것이다. 그러다 보면 휘둘리지 않고 아이와 자신의 방법과 속도로 영어를 즐기고 있는 모습을 발견하게 될 것이다.

영어책
읽어주는 방법

그림책 읽기 모임을 하거나 엄마표 영어 강의를 하면 많은 분들이 궁금해하는 것이 '나는 영어를 못하는데, 발음이 안 좋은데 어떻게 영어를 읽어주느냐', '모르는 단어가 나왔을 때 어떻게 하느냐'는 것이다.

나는 아이가 한글 읽기 독립을 하기 전까지 한글책을 읽어줄 때 '영혼 없이' 읽어줬다. 우울증이 너무 심해서 즐겁게 읽어주는 걸 할 수 없었던 까닭이다. 책을 읽어주는 것만해도 나에겐 엄청나게 기운을 많이 쏟는 일이어서 아이와 교감하는 것 같은 건 상상할 수 없었다. 엄마로서의 최소한의 의무를 다하기 위해 책 읽기를 해준 것이기 때문에 대충 무미건조하게 읽어줬다. 그런데도 아이는 너무나 고맙

게 그 시간을 좋아해줬다. (아이가 알았을 수도 있다. 엄마가 자기에게 그나마 해주는 게 책 읽기라는 걸ㅜㅜㅜ) 나중에 어린이도서연구회(어도연)에서 추천하는 책 읽기 방법에 대해 알게 되었는데, 어도연에서는 한글책을 읽어줄 때 동화 구연은 하지 말라고 하는 것을 알게 되었다. 기교와 효과음을 넣는 구연보다는 아이가 편안함을 느끼도록 자연스럽게 읽어주는 것이 중요하고 따라서 중간중간 내용을 확인하는 질문을 하거나 이해시키기 위해 설명하지 않아도 된다는 것인데 그게 나에게 그나마 위안을 주었다.

영어 그림책을 읽기로 마음먹었을 때 영어 그림책을 읽어주는 것도 어도연 책 읽기 원칙과 크게 다르지 않다고 생각했다. 한글책을 읽어주었을 때와는 달리 내가 우울하지 않았기 때문에 조금 더 기운 나게 읽어주긴 했지만, 마음먹고 하는 동화 구연 같은 건 하지 않았다. 내가 재미있어야 아이도 좋아할 것 같아서 재미있는 책 위주로 골랐고 자연스럽게 웃고 떠드는 것이 많았을 뿐이다.

내 경험담을 듣는 사람들은 흔히 "당신은 영어를 잘하니까 그렇게 아이랑 매일 책을 3권씩 읽었을 거다"라고 생각한다. 하지만 나는 아이에게 영어 그림책을 읽어주는 것을 일종의 실험으로 여기고 있었기 때문에 가능하면 보편적으로 적용할 수 있는 점을 찾아 해보려고 애썼다. '내가 영어를 잘 못하는 부모라면 어떻게 했을까'를 상상하면서 말이다. 발음이 안 좋은 사람이라면 MP3나 CD 음원 또는 유튜브 동영상을 이용해서 아이가 영어 그림책을 읽게 해줄 거라고 생각했고, 그와 비슷하게 아이에게 책을 읽어줄 때 가능하면 내용이나 단어를 따로 설명하지 않았다. 음원을 통해 책을 읽는(듣는) 아이가 모르는 단어가 나오면 휴대폰 사전 앱을 통해 뜻을 찾을 거라고 가정하고, 아이가 나에게 단어 뜻을 물으면 직접 찾아보게 하기도 했다. (단어의 경우 내가 성격이 급하고 귀찮아서 그냥 내가 사전 앱을 대신하여 단어 뜻을 말해준 경우가 좀 더 많긴 했지만) 아이가 단어 뜻을 묻는 경우는 생각보다 많지 않았다. 아이는 정말 궁금할 때만 물을 뿐 이해하는 크게 데 방해가 되지 않으면 모르는 단어가 나와도 그냥 넘어갔다. 나도 아이가 모를 법한 단어가 나올 때 이 단어는 모르겠다는 걸 알면서도 이야기 흐름을 끊지 않고 집중하기 위해 질문이나 설명을 하지 않고 책을 읽어줄 때가 대부분이었다. 한글책을 읽을 때도 아이가 모를 법한 단어를 부모가 일일이 다 설명하지 않는 것처럼 말이다.

아이에게 읽어주기 전 부모가 먼저 읽어보기

영어 그림책을 읽어줄 때는 한글 그림책을 읽을 때와 달리 한 가지 준비가 필요하다. 아무래도 우리말이 아니니까 모르는 표현이 나오는 건 당연하다. 아이들을 위한 그림책인데도 모르는 단어가 생각보다 많이 나온다. 의성어와 의태어가 많아서 그렇기도 하고, 우리가 아는 단어들이 주로 시험에 필요한 어휘들이어서 그렇다. 나도 아이에게 영어 그림책을 읽어주면서 모르는 단어가 생각보다 많이 나와서 내 수준에 잠깐 회의를 느끼기도 했는데, 사실은 당연한 것이었다. 우리는 영어를 그림책으로 만난 게 아니라 교과서로 만났으니 말이다. 그림책의 어휘와 교과서의 어휘는 다르다.

그래서 나는 영어 그림책을 읽어주기 전에 혼자 먼저 읽어본다. 아이가 재미있어 하겠다 싶은 책으로 고르고 단어도 미리 확인할 겸 해서인데 그럴 여유가 없다면 일단 휘리릭 단어라도 확인해본다. 그리고 모르는 단어는 뜻도 대강 찾아본다. 만약 그럴 여유도 없이 책을 읽었는데 모르는 단어가 나오고 마침 아이가 그 단어 뜻이 뭐냐고 물으면 같이 휴대폰 사전 앱으로 단어를 찾아본다. 단어를 찾아보고 발음을 들어보는 것도 도움이 되기 때문이다. "엄마는 그것도 모르냐"고 할까봐, '쪽팔릴'까봐 초기엔 모르는 단어는 미리 찾아보기도 했는데 아이와 책을 읽다 보니 그럴 필요가 없다는 걸 알았다. "어, 엄마도 모르는 단어인데 같이 사전에서 찾아볼까?" 하면 아이는 "엄마도 모르는 게 있어?" 하면서 같이 단어를 찾아보는데, 그게 아이에겐 엄마와 함께 하는 활동으로 여겨졌던 것 같다. 뭐라도 같이 하면 재미있는 그런 것 같이 말이다.

본인 발음이 안 좋은데 괜찮은지 걱정하는 분들이 많다. 안 좋은 발음으로 읽어주면 아이가 그 발음을 따라 할까봐 또는 원어민 발음을 못 알아들을까봐 그러시는데 그런 분들을 만날 때마다 "전혀 걱정하지 마시라"고 답해준다. 첫 번째, 아이는 나의 발음보다 원어민 발음을 절대적으로 많이 접하게 되어 있다. 두 번째, 우리는 흔히 '발음' 하면 미국식 영어만 생각하는데, 전 세계에서 쓰이는 영어는 굉장히 다양하기 때문에 우리는 다양한 발음에 익숙해져야 한다. 부모의 발음은 다양한 영어의 아주 작은 일부일 뿐이다. 정 자신의 발음에 자신이 없고 걱정이 된다면 아이와 함께 음원을 들으면 된다. 중요한 것은 아이와 함께 하는 것이다. 부모가 못 읽어주더라도 함께 음원을 들으면서 책을 읽는 게 교감을 일으키고 그래서 아이가 영어 그림책 읽는 것을 좋아하게 만들기 때문이다.

책을 먼저 읽어보고 재미있는 책을 골라 아이에게 읽어주자. 모르는 단어가 혹여 있더라도 당황하지 말고 필요하면 같이 찾아보자. 직접 읽는 게 부담스럽다면 '함께' 음원을 듣거나 동영상을 보면서 책을 읽자. 내가 부담없이 재미를 느끼며 즐겨야 아이도 자연스럽게 영어 그림책을 즐길 수 있다.

가성비 짱,
온라인 영어 도서관 프로그램

한창 아이가 영어 그림책을 읽을 때였다. 아이와 동갑인 둘째를 키우는 지인에게도 도서관에서 영어 그림책 빌려다가 아이에게 읽어주라고 이야기를 했는데, 지인에게 생각치 못한 답변이 돌아왔다.

"우리 동네 도서관엔 영어 그림책이 없어."

도시가 아닌 지방 시골(!)에 살고 있는 지인네 동네엔 도서관이 있긴 하지만, 그마저도 지자체에서 설립한 것도 아니었고 규모가 작다 보니 영어 그림책이 없었던 것이다. 중고로 영어 그림책을 사려면 근처 도시로 나가야 하는데 가장 가까운 중고 서점이 자가용으로 한 시간이 넘게 걸리는 곳이었다. 그때 지인에게 추천한 것이 바로 리틀팍스^{Little fox}와 라즈 키즈^{Raz kids}다. 둘 다 온라인으로 영어 원서를 읽을 수 있는 프로그램이다.

먼저 리틀팍스부터 설명하자면, 우리나라에서 개발한 영어 도서관 프로그램으로, 유명 책을 영어 애니메이션으로 옮겨놓은 것부터 자체 제작 동화와 노래까지 있는 프로그램이다. 아이들이 좋아할 만한 이야기들을 애니메이션으로 만든 것이다 보니 아이들은 영어 공부라고 생각할 틈도 없이 빠져든다. 아이뿐만 아니라 어른인 내가 봐도 재미있다. 영어 하면 고개를 저었던 조카들도 리틀팍스는 한 시간을 거뜬하게 했다. 학습이 아니라 그냥 재미있는 이야기를 즐기는 것이기에 가능했다.

어떤 학부모들은 리틀팍스가 우리가 흔히 생각하는 '있어 보이는' 영어 그림책 원서를 접할 수 있는 프로그램이 아니라 애니메이션이라서 '불량식품' 같이 생각하는 경향도 있는데, 절대 그렇지 않다. 어른들의 바람이야 있어 보이고 고상해 보이는 걸 하는 것이겠지만, 아이들은 그런 거 필요 없다. 재미있으면 장땡이다. 특히나 요즘처럼 동영상을 비롯한 미디어 노출이 많은 아이들에게는 리틀팍스야말로 심리적 장벽 없이 바로 영어라는 세계에 진입할 수 있는 최적의 도구다(리틀팍스에서 돈 받은 것 1도 없으니 오해하지 마시라).

1년 회원권이 20만 원도 하지 않고 한 아이디로 가족 4명까지 사용할 수 있으며, 수준별로 콘텐츠가 나누어져 있고 동화 내용을 인쇄해서 책으로 만들거나 받아쓰기 자료를 출력할 수도 있다. 한 장면씩 따라 읽을 수도 있고 자신의 음성을 녹음해서 들을 수도 있어서 활용하고자 하는 마음만 있으면 말하기, 쓰기 연습까지 모두 해결할 수 있는 가성비 최고의 프로그램이다. 이런 프로그램이 우리나라에서 개발되었고 이제는 역으로 미국과 전 세계에서 인정받는 프로그램이 되었다.

리틀팍스는 1단계부터 9단계까지 총 4천여 편의 동화 및 기타 자료가 있는데 이는 AR 0.1에서 7.4에 해당한다. 이는 미국을 기준으로 유아부터 중학생까지 읽을 수 있는 수준이다. 다양한 자료가 수준에 따라 분류되어 있어서 아이들의 수준에 맞게 찾아볼 수 있다. 우리 아이는 9개월간 나와 영어 그림책을 읽은 뒤 3학년 겨울방학부터 조카들과 함께 리틀팍스를 시작했다. 2단계부터 시작해서 6개월이 지나자 6단계(AR 3점대 중후반)를 무리없이 즐겼다. 하루에 30분에서 1시간 정도를 보고 있으며 따라 읽기나 받아쓰기 같은 학습적인 접근은 아직 하지 않았다. 4학년까지는 그냥 재미있게 영어로 된 콘텐츠를 접하는 것이 목표다. 재미있는 것은 조카들은 리틀팍스로 영어 노출을 처음 시작한 건데, 요즘 심심치 않게 영어로 말을 한다는 것이다(그래 봤자 아주 쉬운 문장들이고 문법에 맞지 않는 경우가 대부분이지만 일단 영어로 문장을 만들어서 이야기한다는 것 자체가 고무적이다).

라즈 키즈Raz kids는 미국에서 개발한 온라인 영어 도서관 프로그램으로, 원래는 선생님들을 위한 프로그램이다. 선생님이 계정을 만들고 반을 구성하면 반에 포함된 아이들이 읽기 프로그램에 참여하는 시스템이다. 미국과 캐나다 교육청의 절반 이상이 이 프로그램을 채택하고 미국 교사들이 가장 선호하는 프로그램인데, 몇 년 전부터 국내에도 이 프로그램이 조금씩 알려졌다. 여전히 많은 사람에겐 낯선 이름이겠지만, 강남이나 유명 어학원에서는 이 프로그램이 꽤 알려져 있고 사용되고 있다.

라즈 키즈는 리틀팍스와는 달리 물리적인 책을 기반으로 하는 프로그램이다. 고상하고 있어 보이는 걸 원하는 부모들에게는 당연히 리틀팍스보다 라즈 키즈가 매력적이다. 그러나 라즈 키즈는 책으로 비유하자면 리더스북 같은 프로그램이라 재미는 픽처북 같은 리틀팍스보다 떨어질 수밖에 없다. 그래서 나는 리틀팍스를 먼저 하다가 유치하거나 더 이상할 게 없다고 생각되는 시기가 된 아이들에게는 라즈 키즈를 추천한다. 라즈 키즈 비용은 리틀팍스보다 약간 비싼데, 그래도 1년에 20만 원 조금 넘는 비용이니 1개월에 2만 원밖에 안 하는 셈이다. 학원비에 비하면 정말 정말 싸다.

코로나로 인해 온라인으로 개학한 요즘, 아이가 집에서 노트북으로 인강을 듣고 과제를 하며 학과 일정을 소화하는 걸 보며 '우리 아이들 세대는 우리와 정말 다르다'는 걸 새삼 느낀다. 유치원 아이들조차 온라인 학습이 너무나 자연스럽다. 아날로그 세대인 나는 여전히 종이책이 익숙하고 영어 그림책 하면 당연히 도서관을 떠올리지만, 우리 아이들에게 리틀팍스와 라즈 키즈는 전혀 낯설지 않은 온라인 도서관이자 좋은 학습 도구다.

✓ **온라인 영어 도서관**

Little fox https://www.littlefox.co.kr

Raz kids https://www.raz-kids.com

안타까운
영어 공부

도서관에 가면 90% 이상 올 때마다 옆자리 또는 맞은편에 영어 공부를 하는 사람들이 있다. 토익 문제집 푸는 사람도 있고, 깜지 만들어가며 단어 외우는 사람도 있다. 그때마다 안타까운 마음이 든다. 깜지 만들어서 외우는 단어는 얼마나 오랫동안 머릿속에 남아있을 것이며, 토익 점수 만드는 데 들이는 시간은 또 얼마나 만만치 않을까, 그 실력이 진짜로 쓰이는 실력이 될까 등등을 생각해 보면 늘 남는 건 안타까운 마음이다.

나는 토익을 공부해본 적이 없다. IELTS, 토플, 텝스 다 공부해본 적이 없다. 내가 시험을 위해 공부한 영어는 내신과 수능이 전부였다.

졸업 때문에 점수가 필요해서 토익을 딱 두 번 봤는데, 그때도 토익에 나오는 문제 유형조차 모르고 시험을 보러 갔다. 그렇게 본 첫 토익 점수는 900점에서 딱 5점 모자랐다. 시험에 관한 기본 지식도 없이 본 시험 결과니 나쁜 점수는 아니라고 생각한다. IELTS도 사전지식조차 없이 그냥 봤는데, 6.5/7.0이었다. 이 점수로 무난하게 호주 대학 과정에 입학할 수 있었다. 내가 잘났다고 말하고 싶은 건 아니다. 하고 싶은 말은, 어느 정도 기본 실력이 있으면 토익이나 IELTS에 짧게는 몇 개월 길게는 몇 년을 투자할 필요가 없다는 것이다.

토익으로 대표되는 여러 영어 시험 인증 점수를 위해 쓰는 돈과 시간이 너무 아깝다. 그런데, 그게 실생활에 쓰이는 것도 아니고 그냥 이력서에 단 한 줄 넣기 위한 것이라는 게 너무 안타깝다. 실제로 토익 만점에 가까운 점수를 받은 신입 사원이 회화는 젬병이었다는 어느 임원의 이야기, 어렵게 토익 점수 만들어서 회사 들어갔는데 회사에서 쓰는 영어는 "'이 문서 좀 카피해 와'라고 할 때의 카피^{COPY} 같은 게 전부"라는 자조 섞인 이야기 등이 여전히 존재하는 것이 안타깝다.

언젠가 서울 10위권 안에 있는 대학에 다니는 학생이 나에게 영어를 좀 가르쳐 달라고 했다. 아니, 그 대학 다니면서 무슨 영어를 배우겠다고, 그 학교 들어갈 실력이면 나한테 안 배워도 되지 않냐고 물었다. (그 학교 다닐 정도면 토익 850~900은 어렵지 않게 나올 건데.) 그런데 시험 점수(수능이든 토익이든)와 실제 영어 실력은 다르다는 걸, 그 친구는 입 밖으로 말을 꺼내진 않았지만 온몸으로 나에게 이야기하고 있었다. 시험을 위한 영어 공부 대신, 정말로 써먹을 수 있는 영어 실력 키우는 공부를 할 수 있다면 얼마나 좋을까. 그게 쉽지 않은 사회라는 게 안타깝다. 중고등학교 때 배운 영어도 시험을 위한 영어였고, 대학에 가도, 그리고 대학을 졸업해도 시험을 위한 영어를 공부할 수밖에 없는 이상한 구조.

그 학생에게 나는 영어 회화 학원 대신《Grammar In Use》를 사서 공부하라고 했다. 회화 학원은 비용 대비 효과가 크지 않다. (유아 영어 학원처럼!) 돈 많으면 회화 학원 다니라고 하겠지만, 학원이 아니더라도 회화를 공부할 수 있는 환경은 충분히 만들 수 있다. 나만 해도 화장실에서 거울 보면서 회화를 연습했었다. 웃길 것 같지만, 국내파 영어 고수들이 흔히 추천하는 방법이다. 내가 학생일 때는 유튜브가 없었으니 회화 테이프만 늘어지게 들어야 했다. 그러나 지금은 정말 좋은 생생한 자료들이 손가락만 까딱하면 나한테 들어오는데 굳이 회화 학원을 다녀야 하는지 모르겠다. 진짜 웃긴 게, 회화를 하는 이유가 원어민 영어 많이 듣고 말하려고 가는 건데, 정작 내가 제일 많이 듣고 말하는 사람의 수준은 레벨 테스트해서 나랑 비슷한 수준이라는 것. 내가 '어버버'면 상대방도 '어버버'일 확률 높다는 것, 원어민 선생님의 이야기를 통해 이루어지는 노출은 정말 일부라는 것이다. (ESL 환경 때문에 유아 영어 학원 보낸다는 것도 비슷하다. 애들 수준이 얼마나 유창하길래 보내서 ESL 환경을 기대하는지 난 솔직히 모르겠다.) 원어민 영어에 노출되고 싶으면 TED나 미드를 보는 게 제일 좋은 거고, 거기서 나오는 표현들을 정리해서 강의하는 동영상도 유튜브에 많으니 그런 걸 보는 게 훨씬 효과가 좋다.

국민 문법책 한 권이면 회화도 OK

국민 영어 문법책《Grammar In Use》를 추천하는 이유는, 책에 나오는 예문이 다 실생활에서 쓸 수 있는 문장들이라는 것 때문이다. 문제만 휘리릭 풀고 넘어가지 말고, 예문들을 소리 내서 읽고 손으로 써보고 암기하면 그것만으로도 이미 회화 학원보다 훨씬 더 많은 회화 공부를 하는 셈이다. 문법 기본기가 없으면 Broken English(문법이 맞지 않는 영어)가 되기 쉽고 회화 발전 속도도 문법 기본이 된 사람보다 현저히 느리다. 문법은 중3 영어면 충분하다. 고등학교 영어는 중3 영어에서 좀 더 세분화된 것뿐이다. 그래서 나는 고등학생들 가르칠 때도 중학 영어 문법 교재로 가르친다. 대부분 영어 학원이나 과외를 해야 하는 학생들의 실력은 중학 영문법이 제대로 안 잡혀서 오는 애들이기 때문이다. 중학 영어만 잡혀도 고등학교 때 영어 학원 다닐 확률은 현저히 줄어든다. (유형과 문제 풀이 스킬 때문에 학원 다녀야 한다면 더 말하지 않겠다.)

사교육 시장에도 꽤 있어봤고 실제로 종사하는 사람들도 많이 알고 있는데 '학원이라는 건 공포를 조장해서 먹고 사는 곳'이라는 사실에 대부분 동의한다. "이거 지금 안 하면 다른 사람보다 뒤떨어져요, 어머니. 우리 같은 전문가가 도와주는 애들이랑 경쟁해서 이길 수 있을 것 같아, 학생?" 이런 게 다 마케팅의 일환인, '공포 마케팅'이라는 걸 알고 한 발 뒤로 물러서면 가성비 좋은 방법들이 눈에 들어온다. 그리고 손쉽게, 빨리 라는 욕심에서 벗어나는 게 한 발 뒤로 물러서기 위한 전제다.

오해해서 미안해,
문법아

작은 도서관과 복지관에서 엄마들과 함께 영어 그림책 읽기 모임을 하고 있다. 처음에는 쌍둥이책을 중심으로 읽기를 했는데, 책 소개와 읽기만으로는 부족한 점들이 있다고 생각해서 처음 몇 주간은 문법이나 표현들을 살짝만 설명하였다.

그러다가 하루는 정말 본격적으로 문법 시간을 가지게 되었다. 보통 모임을 1시간 반 정도 하는데 30분 이상을 문법 설명에 썼다. 그림책에 나온 별로 길지 않은 두 문장 – 하나는 4형식, 하나는 5형식 – 을 칠판에 옮겨 적고 두 문장의 차이에 대해 질문했는데, 감으로 해석할 뿐 대부분이 대답하기 어려워했다. (잠깐 벗어나서 엄마표 영어로 영어를 배운 아이들을 몇 개월 가르친 이야기를 하자면, 그 아이들의 영어 실력은 훌륭했으나 한 가지 문제가 있었으니 길거나 조금 복잡한 문장이 나오면 감으로 해석한다는 점이었다. 잠수네 영어로 영어를 배운 애들이 학원에 갔을 때 약점으로 지적 받는 것이 약한 문법과 그로 인해 독해 지문을 오역하는 것들이다.)

"제일 중요한 건 5형식이고 문장을 봤을 때 이게 몇 형식인지만 파악해도 수능과 회화의 기본을 쌓은 것"이라고 말씀드렸다. 다들 처음엔 이게 무슨 소린가 하셨는데 (특히 문법 세대의 피해자이신 손주 키우시는 시니어 분들께서 가장 의아해하셨지만) 30분 동안 5형식에 대해 배우고 나서는 모두들 내 말에 고개를 끄덕이며 문법 공부에 대한 의지를 불태우셨다.

문법은 기본 중의 기본

흔히들 오해하는 게, 한국에선 문법과 독해만 가르쳐서 회화를 못하는 거니까 문법은 필요 없다, 듣기와 말하기에 집중해야 한다고 생각하는데, 그건 일부만 아는 것이다. 수학을 잘하는 사람들은 이미 공식이 있다. 문법은 수학의 공식과 같은 건데, 공식을 모르고 어떻게 문제를 풀 수 있을까? 문법이 필요 없다는 것은 어불성설인 셈이다. 문법과 독해만 가르치고 듣기와 말하기에 시간을 들이지 않았으니 회화가 안 되는 것이 당연하다. 해외에 가보면 문법 기본기 없이 듣기와 말하기만 하다가 엉망진창인 영어를 구사하는 사람들이 얼마나 많은지 모른다. (영어권 이민 사회 이야기를 바탕으로 만든 캐나다 드라마 ⟨Kim's Convenience(일명 김씨네 편의점)⟩를 보면 김씨 아저씨와 아주머니의 영어는 늘 시제와 단복수에 따른 변화 등이 제대로 지켜지지 않는다.) 원어민들이 틀려도 얼추 알아듣고 이해하니까 자신의 영어가 엉망진창인 걸 모르지만 원어민들은 그런 사람들이 훌륭한 영어를 구사한다고 생각하지 않는다. 국내파로 영어를 잘하는 사람들은 문법을 잘 아는 사람들이다. 내가 만났던 원어민과 다를 바 없는 국내파 교수님들도 한 목소리로 강조하셨던 것이 문법이었다.

나보다 영어를 유창하게 말하는 사람들은 정말 많이 있다. 그래서 원어민들이 나에게 "넌 어디서 영어를 배웠니? 참 잘한다!"라고 말해주었을 때 그냥 립서비스라고 생각했다. 그들은 조금만 영어를 해도 칭찬하는 데 인색하지 않으니까. 우리도 어눌하게 한국어를 말하는 외국인에게 그러니까. 그런데, 몇 년간 친하게 지낸 한국에 사는 원어민 친구가 언젠가 정말 진지하게 말했다. 영어 이력서를 제출해야 해서 첨삭을 부탁했더니 읽어본 친구가 정말 난데 없이 말하는 거다.

"넌 내가 본 한국인 중에 제일 영어를 잘해."

"에이, 무슨 소리야. 너도 같이 아는 A랑 B는 거의 원어민인데."

"걔네는 미국에 오래 살았잖아. 너처럼 외국에 잠깐 있다 오고 이렇게 영어 잘하는 애는 없어."

"그럴 리가. 누구도 있고 누구도 있고…"라고 말하려다가 그냥 생각을 해봤다. 그 사람들도 나보다는 오래 영어권 국가에 있었으니까. 원어민 같은 A도 나에게 "영어를 잘한다고, 어디서 어떻게 배웠냐"고 궁금해했지 않았나. 얘가 이렇게 진지하게 이야기할 정도면 뭔가가 있긴 한 건가? 내가 정말 잘한다기보다 (통번역 하는 사람들 중에 국내파인데 정말 잘하는 사람들이 많으니까) 어떤 요소가 있겠지 싶었다. 그리고 여러 부류의 사람들에게 영어를 가르치며 나는 그 지점을 탄탄한 문법이라고 생각하게 되었다. 영어를 빨리 배우는 학습자들은 문법 기본기를 갖춘 사람들이다. 회화 표현을 외우려고 할 때 문법 기본이 되어 있는 사람들은 외우지 않아도 회화 표현이 머릿속에 쉽게 들어오고 응용도 훨씬 쉽게 하기 때문이다.

아이와 영문법, 어떻게 공부할까

문법의 중요성을 인지했다면, 아이에게는 언제 문법을 가르쳐야 할까?

학원 등에서 다양한 또래의 학생들을 가르쳐본 경험으로는 6학년

여름방학 이후가 가장 좋다고 생각한다. 중학교 들어가기 전 6학년 겨울방학이라면 아이들은 앞으로 다가올 본격적 입시 돌입에 긴장해서 강요하지 않아도 스스로 어느 정도 공부를 하게 되어 있다. 겨울방학에 시작하는 것이 너무 닥쳐서 급하게 한다는 마음이 들면 여름방학부터 시작하면 될 일이다. 영어를 좋아하고 스스로 공부하겠다는 마음이 있으면 5학년 겨울방학 즈음에 시작해도 무리는 없을 것이다.

그러나 4학년 이전에 아이에게 문법책을 들이미는 것은 추천하지 않는다. 4학년에게 영문법을 가르치는 것은 생각보다 쉽지 않다. 일단 문법 용어 자체를 받아들이는 것을 어려워해서 (단수 복수 이런 걸 일일이 다 풀어서 설명해야 하는데) 5~6학년이 이해하는 속도와는 너무 차이가 나서 설명하는 사람이 너무 힘들고 비효율적이다.

초등학교 6학년에 영문법을 처음 공부하는 친구라면, 중학교 1학년 수준에 맞춘 중학 영어 기초편보다는 EBS에서 나온 《기초 영문법 1, 2》를 추천한다. 중학교 영어를 준비하는 초등학교 6학년을 학습 대상으로 잡고 만든 교재여서 삽화와 설명을 초등학생 눈높이에 맞추어 구성했다 (그래서 오히려 중학생이나 성인이 보기에는 산만하다는 느낌이 들 수 있다). 동영상 강의도 있어서 혼자서도 쉽게 공부할 수 있다. 2권으로 되어

있는 EBS 교재는 1권당 18개 unit으로 되어 있고, 1 unit당 6쪽 정도로 이루어져 있다. 주말을 제외하고 매일 하나의 unit으로 푼다면 1달에 1권을 뗄 수 있으므로 겨울 방학이면 충분히 할 수 있는 분량이다.

6학년 겨울방학에 문법을 한 번 정리했다면 이후 중학교 문법이 총정리된 문법책을 산다. 이때 중요한 건 여러 종류의 교재를 사지 않고 3년간 반복해서 볼 영문법 책을 골라야 한다. 여러 교재를 많이 푸는 것보다 자신에게 맞는 교재 하나를 반복해서 보는 게 중요하기 때문에 공부할 본인이 보고 고르는 게 중요하다. 그리고 문법책을 처음부터 끝까지 한번에 독파하겠다는 마음보다는 만화책 보듯 수시로 꺼내보는 게 중요하다. 이미 6학년 때 기본 문법을 정리해서 대충 무엇이 어떤 개념인지 알고 있기 때문에 학교에서 공부를 하거나 책을 읽다가 잘 모르는 부분이 나올 때 그 부분과 관련 있는 문법을 찾아서 보면 된다. 어떤 아이는 6개월간 《Grammar In Use Basic》을 6학년 때 6개월간 매일 한 unit씩 풀었다고도 했는데, 여간 뚝심 있는 아이가 아니면 어렵다. 국민 문법책이라는 GUI를 처음부터 끝까지 한 번 다 봤다는 성인을 찾기도 쉽지 않으니 중학생에게도 당연히 무리라고 생각한다. 《Grammar In Use Basic》도 중학생이면 충분히 풀 수 있다고 생각하지만 아무래도 중학생이 보기엔 좀 딱딱한 편이 있어서 국내 문법서 중에서 자신이 좋아하는 것이 있으면 그걸 고르라고 한다. 뒤에 나오는 〈엄마의 영어 공부〉 편에서 중학교 문법책을 추천한게 있으니 참고하시길.) 매일 풀기보다는 내가 모르는 부분이 나왔을 때 찾아보고 공부하는 편이 오래 오래 문법과 함께 갈 수 있는 길이고, 영어 실력을 탄탄하게 쌓아갈 수 있는 시작점이다. (당연히 매일 풀면 금상첨화겠다.)

Chapter 5

엄마의
영어 공부

아이 영어가 아닌
나를 위한 영어 공부라면!

가끔 아이와 서점에 가면 영어 교육 관련 서적을 살펴보고 온다. 갈 때마다 엄마표 영어와 관련하여 늘 새로운 책을 발견하는 편인데, 최근에는 엄마표 영어와 연결하여 엄마들의 영어 회화를 위한 책들이 많이 나왔다. 주로 아이와 생활하는 일상에서 필요한 회화로, 일어나서 세수하라든가, 옷 갈아 입으라든가 등의 표현을 정리해둔 책이다. 그 책들에선 아이의 영어 노출을 최대화하기 위해 엄마가 영어 회화를 연습하라고 주장한다. 영어 노출이 많을수록 아이의 영어 실력에 도움이 되는 건 맞다. 그러나 영어 회화가 자유로운 부모라면 일상생활에서 아이에게 영어로 말을 거는 것이 문제가 되지 않겠지만, 그렇지 않은 부모라면 따로 회화 공부를 위한 시간을 내야 할 것이다.

현실적으로 생각해보자. 직장을 다니지 않는 전업주부라도 집안일을 하고, 아이들을 돌보는 것만 해도 하루가 어떻게 가는지 모른다. 일하는 부모라면 말할 것도 없다. 얼마 전에도 어린이집 교사로 일하고 있는 지인과 아이들에게 일상 생활에서 영어로 말 거는 것을 주제로 대화를 나눴다. 만약 본인이 영어 회화에 능숙하지 않은데 아이에게 영어로 말을 걸어주기 위해 공부해야 한다면 어떨 것 같냐고 했더니, 자신이 그런 상황이라면 공부할 것 같다고 대답했다. 그 대답을 듣고 그럼 당신도 아이들 영어때문에 고민 중이니 함께 매일 15분 하는 온라인 영어 공부 모임을 하자고 했더니 자신은 일하는 엄마라 부담스럽다며 거절했다. 나를 위한 시간도 짬을 내기 어려운 현실에서 아이의 영어를 위해 공부까지 해야 한다고 생각하면 마음이 부담스러울 수밖에 없을 것이다.

나만의 강력한 동기 찾기

영어 그림책 모임에서 만난 분들은 대부분 일을 하지 않는, 상대적으로 시간적 여유가 있는 부모들이었다. 함께 모임을 진행하면서 아이에게 영어 그림책을 읽어주다 보니 자신의 영어 실력이 부족함을 느끼고 영어 공부를 해야겠다고 마음먹은 분들이 생겨났다. 영어 그림책을 읽다가 영어에 관해 질문이 생기면 대답하는 식으로 진행한 모임도 있었고, 모임을 하는 분들 중 일부는 따로 기본 영어 문법을 공부하는 분들도 계셨다. 일하는 부모보다는 상대적으로 시간적 여유가 많기도 하고, 자신이 필요하다고 느껴서 자연스럽게 공부 모임을 하다 보니 모임이 활발하게 유지되는 모습을 어렵지 않게 보았다. 성인 학습자들도 결국은 동기 부여가 중요하다.

어떤 일을 시작할 때 그게 어떤 것이든 상관없이 나의 필요에 의해 시작하는 것만큼 좋은 것이 없다. '아이의 영어를 위해서'보다는 '내 영어 실력을 증진시키기 위해서'가 훨씬 강력한 것이다. 미드를 좋아하는 사람이 자막이 없는 미드를 발견하고 보고 싶다는 생각에 영어 공부를 하거나 당장 다음달에 있을 해외 출장 때문에 영어를 공부하는 것만큼 강력한 동기는 없을 것이다. 아이를 키우는 부모라면 어떻게 접근할 수 있을까? 집안일과 아이들에게 매몰된 자신의 삶에 활력을 주는, 자기계발의 측면에서 접근하는 것이 더 강력한 동기가 될 것이다.

나는 만나는 부모들에게 늘 이렇게 말한다. 좋은 그림책을 통해 자기 자신을 돌아보고 삶의 여유를 찾고 싶으면 영어 그림책을 읽으시라고, 그러면 영어 실력도 늘어나고 삶이 조금 더 풍요로워진다고 말

이다. 영어 공부를 하겠다고 마음먹었다면 '나에게' 왜 필요한지 생각

해보자. 나를 위한 공부라면 언제나 환영이다.

엄마의 영어 공부 시작편:
영어 그림책 필사

영어 공부에 관해 검색해보면 너무나 많은 자료가 나와서 길을 잃을 정도다. 어떤 사람은 듣기를 먼저 하라고 하고, 어떤 사람은 미드를 보라고 하고, 어떤 사람은 패턴을 외우라고 한다. 다양한 사람들만큼 다양한 학습법이 존재하는 게 당연하지만, 가장 중요한 건 내가 실천할 수 있는 방법을 찾아내는 거라고 생각한다. 그렇게 수많은 방법들이 나와있는데, 정작 실제로 효과를 보는 사람은 왜 일부일까? 실천하기 어렵기 때문이다.

물론, 쉽게 얻어지는 것은 없다. 언어도 그렇다. 언어에 감각이 있는 사람들이 있기는 하지만, 그렇다고 해서 그들이 노력도 하지 않고 쉽게 높은 수준의 언어를 구사할 수 있게 되는 것은 절대 아니다.

얼마 전에 유명한 영어 강사 한 분이 강연 프로그램에서 했던 이야기가 있다. "성공한 사람은 나보다 하기 싫은 일을 많이 한 사람이다." 이분 말에 완전 동감한다. 그분은 어릴 때 미국에 갔지만 저절로 영어와 한국어를 거의 완벽하게 구사하게 된 게 아니라는 걸 방송을 보면서 알 수 있었다. 왜냐하면 그분처럼 어릴 때 영어권 국가에 가서 두 언어를 동시에 거의 같은 수준으로 발전시키는 사람은 많지 않기 때문이다. 영어를 잘하는 것처럼 보여도 겉만 그럴듯할 뿐, 실력이 없는 사람도 수두룩하다. 결국, 그 강사분과 같은 사람들은 하고 싶지 않은 귀찮고 별로 성과도 없어 보이는 것을 수도 없이 해서 원하는 수준에 이른, 정말 노력을 많이 한 사람들이다.

그렇지만 나는 앞서 언급한 강사처럼 우리 모두가 하기 싫은 것을 많이 해야 한다고 말하고 싶지는 않다. 왜냐하면 제2 외국어로서의 영어는 결국 습관이고 언어는 계속 사용해야 감을 잃지 않고 실력이 느는데, 영어를 일상적으로 사용할 일이 없는 우리나라와 같은 환경에서는 의식적으로 사용하는 습관을 가지지 않는 한 늘기 어렵기 때문이다. 습관은 꾸준히 할 수 있는 것에서 시작해야 하는데, 실천하기가 어려우면 아예 시작할 수 없다. 특히 시간적 여유가 없는, 아이를 키우는 부모들은 더더욱 그럴 것이다. 그래서 나는 아이를 키우는 있는 부모들을 위해서는 실천하기 쉬운 공부법이 있어야 한다고 생각한다.

그림책이 효과적인 이유

유명한 언어학자 크라센의 주장처럼, 영어 독서가 EFL 환경인 우리나라에서 영어 실력을 늘리는 가장 효과적인 방법이라고 믿는 나는 부모들에게도 영어 원서를 읽으라고 한다. '영어 원서' 하면 해리포터를 많이들 떠올리는데, 실제로 해리 포터를 읽을 수 있는 부모가 얼마나 있을지는 잘 모르겠다. (참고로 해리 포터의 수준은 AR 5.5에서 7.2 사이이며 이는 미국 초등학생 5학년에서 7학년 사이의 수준이다. 초등학생이라면 꼭 읽어봐야 할 책 중 하나로 꼽히는 《샬롯의 거미줄》이 AR 4.4이지만, 실제로 영어 그림책 모임에서 만난 분들 중에 그 책을 부담 없이 읽을 수 있는 사람은 대략 20% 정도다.) 그래서 내가 추천하는 것은 AR 1점 후반~2점대(Lexile 200~550L)의 영어 그림책이다.

왜 AR 1점 후반~2점대의 그림책인가? 이 책들은 아이들을 위한 책이지만 너무 유치하지 않으면서 문장도 적절하다. 이 수준의 영어그림책은 한 장에 짧게는 3~6개의 단어, 길게는 2~3개의 문장으로 이루어져 있다. 그리고 어느 정도 문장이 반복된다. 그림이 있기 때문에 모르는 단어가 나와도 쉽게 유추가 가능하다.

영어 그림책을 이용해서 공부하는 방법은 맨날 한 권씩 재미있는 책을 읽어 나가거나 책을 읽으면서 새롭게 알게 된 단어나 표현을 정리하는 것도 좋겠지만, 추천하고 싶은 방법은 매주 한 권을 정해서 매일 같은 책을 읽으며 쓰는 것이다. 언어는 반복 학습이 중요하고 오감을 사용하여 학습할 때 학습 효과가 증가하기 때문이다.

영어 그림책을 쓰는 방법은 다음과 같다.

1) 일주일 동안 읽을 영어 그림책을 한 권 정해서 read aloud 동영상을 검색한다.
2) 매일 동영상을 통해 원어민이 읽어주는 것을 들으며 눈으로 내용을 확인한다.
3) 그다음 노트에 필사한다. 필사를 마치면 소리 내어 읽어본다.

이렇게 하면 눈으로 보고, 귀로 들으며, 소리 내어 말해보고, 손으로 쓰는 -즉 Reading, Listening, Speaking, Writing(4 skills)을 모두 하게 된다. 10~15개의 문장을 가지고 이 과정을 거치면 보통 일주일 동안 대부분의 문장을 외우게 된다. 하루에 걸리는 시간은 15~30분 정도다. 글밥이 많은 책이면 2~3주에 나눠서 하면 된다.

이렇게 한 권 한 권 책을 읽어나가면서 공부를 하면 책에 대해서도 잘 알게 되어 아이에게 읽어줄 때도 자신감을 가지고 읽어줄 수 있게 되고, 이야깃거리도 풍성해져서 아이와 함께 책 읽는 시간이 더 즐겁다. 그렇게 한 권 한 권 하다 보면 영어 울렁증도 조금씩 사라지는 것을 느낄 것이다.

실제로 나와 4개월간 그림책 필사를 하신 분은 "필사를 하고 매일 동영상을 보며 따라 읽었더니 외국인과 대화를 할 때 훨씬 잘 들리고 말문도 막히지 않았다"며 필사의 효과에 대해 이야기하고 주변 사람들에게 함께 꾸준히 할 것을 독려하기도 했다. 아이랑도 함께 필사한 책을 읽으면서 즐거운 시간을 보냈다고 한다.

그림책은 한 편의 작품이다. 그래서 그림책 육아라는 말도 나오고, 어른을 위한 그림책도 생겨난다. 아이의 영어 때문에 시작한 영어 그림책 읽기지만, 부모의 마음을 풍성하게 해주고 영어 실력도 늘려주는 것이 영어 그림책이다.

웬디북이나 동방북스에서는 AR이나 Lexile 지수에 따라 책을 분류해두었다. 쌍둥이 책 리스트 중 《A bit lost》,《Spring is here》, 《Things I like》,《Piggies》 같은 몇몇 책도 영어 공부 시작 단계에서 필사하기 괜찮은 책들이다. (생각해보니 나의 인스타그램 계정에서 소개하는 책들이 대부분 그런 책이다. 인스타그램을 하는 분들은 그 책들을 참고하시면 좋을 것 같다.)

엄마에게 지금 필요한
기초 영문법 책

Chapter 4 영문법 꼭지에서 썼듯이, 나는 영어 문법을 무척 중요하게 생각하는 사람이다. 많은 국내파 영어 고수들도 문법을 중요하게 여긴다. 튼튼한 문법을 가지지 않고서는 영어를 잘한다는 것이 불가능하기 때문이다.

생각해보자. 문법에 맞는 말을 하는 사람에게 영어를 잘한다고 할까, 문법에 맞지 않는 말을 하는 사람에게 영어를 잘한다고 할까? 이는 말하기뿐만 아니라 4 skills(말하기, 듣기, 읽기, 쓰기) 모두 해당한다. 문법에 맞지 않는 글을 쓰는 사람에게 영어를 잘한다고 할까? 문법을 잘 모르는데 읽기가 수월할까? 문법이 안 되는데 들으면 다 이해가 될까?

"문법 모르고 영어 회화 잘하게 된 분들은요?"라고 말하고 싶은 분
도 있으리라 생각한다.

나의 답은 "결국은 공부하게 됩니다"이다.

문법은 집 짓기에서 기초 공사와 같은 것이다. 집을 지을 때 바닥
을 잘 닦지 않으면, 그리고 뼈대를 잘 세우지 않으면 아무리 그럴듯한
집을 지어도 여기저기 문제가 많이 생긴다. 집을 이미 다 지어서 살
고 있는 도중에 문제가 생겨서 수리를 해야 한다면? 집을 부수긴 어
렵고 계속 땜질공사를 할 수밖에 없을 것이다. 문법이 없다는 건 이와
같다. 문법 기초를 잘 닦아두지 않은 채로 말하기, 쓰기에만 집중하면
다 뜯어고쳐야 하는데 생각보다 쉽지 않아서 고생할 가능성이 많다.
예전에 호주에서 지낼 때 한국인들을 몇몇 만날 수 있었는데, 그중 한
분이 딱 이랬다. 무작정 미국에 가서서 일을 하면서 영어를 배우게 되
었다(사실은 배운 게 아니라 습득하게 되었다)고 했는데 그분이 구사하는
영어가 Broken English(문법이 맞지 않는 영어)였다. 그분 이야기에 따
르면, 처음엔 대충 감으로 알아들어서 원어민들과 함께 일을 했지만
어느 순간부터 더 많은 중요한 일을 하는 것에 한계가 생겼다고 했다.
그래서 영어를 배워야겠다는 생각에 어학 코스를 신청해서 호주로
왔다 한다. 그분의 이야기를 듣는데 너무 안타까웠다. 10년이나 미국

에 있었는데 영어 기초가 안 잡혀 있어서 어학 연수를 받다니.

중학교 문법이면 충분하다

나는 중학교 문법이면 충분하다고 생각하는 사람이다. 중3 수준의 문법을 이해하고 있으면 회화도, 토익 고득점도 충분히 가능하다. 고등학교 문법이라고 해봐야 중학교 문법에서 20% 정도 더한 분량인데, 그 정도는 몰라도 괜찮다. 중학교 문법에서 이미 기본적인 회화와 독해 능력은 갖출 수 있기 때문이다. 그래서 강의나 영어 그림책 모임 때 부모들이 어떻게 영어 공부를 해야 하냐고 질문하면 중학교 문법책 하나 골라서 3번 정도 반복하시라고 한다.

어떤 분들은 기초부터 하신다며 초등학생용 문법책을 권하기도 하는데, 개인적으로 나는 성인들에게 초등학생용 문법책을 추천하지 않는다. 초등학생용 문법책은 아이들 눈높이에 맞추다 보니 너무 현란해서(!) 오히려 산만한 느낌을 주기 때문이다. 그래서 내가 추천하고 싶은 영문법 책은 중학생을 대상으로 한 영문법 책이다.

너무 문법책이 많으니 뭘 골라야 할지 막막해하실 분들을 위해 추천하고 싶은 영문법책으로 2가지를 골랐다. 하나는 NE능률에서 나온 《그래머 존(Grammar Zone)》이고, 또 다른 하나는 좋은책신사고에서 나온 《진짜 잘 이해되는 중학 영문법》이다. (진짜 추천하고 싶은 영문법 교재가 있었는데, 품절되어 구할 수가 없어서 너무 아쉽다. 그리고 전에 쓴 글에서는 《Grammar in Use》를 추천했으나 그건 너무 두꺼워서 학습 의욕을 사라지게 하기 때문에 이번에는 좀 더 현실적으로 접근했다.)

NE능률의 《그래머 존》은 나온 지 10년이 넘은 스테디셀러다. 이미 검증된 책이라는 소리다. 영문법 책 분야에서 Top 3에 늘 들어가는 책이고, 나도 전에 영어센터에서 일할 때 이 책으로 가르쳤다. (나는 NE능률의 영어 관련 교재들은 일단 믿고 보는 편이다. NE능률의 원래 이름은 능률영어사였는데 내가 직독직해를 배울 때 쓰던 독해집이 능률영어사 교재였다. 그때는 능률영어사의 책들이 진짜 신선했다. 지금 시판되는 다른 회사 영어 교재들의 대부분이 능률영어사의 교재들을 바탕으로 해서 만들어졌다고 봐도 과언이 아니라고 생각한다.) 《그래머 존》의 경우 5권으로 이루어져 있는데, 입문이 너무 쉽다고 느껴지면 기초나 기본에서 시작하면 된다. 《그래머 존》에서 칭찬하고 싶은 건 예문들이 원어민들이 쓰는 예문에 가깝다는 것! 어떤 교재들은 예시로 만든 문장이 정말 예시를 위해 만들어낸 문장이어서 아쉬울 때가 많은데 《그래머 존》은 그렇지 않다는 게 좋다(《Grammar in Use》를 추천하는 이유와 비슷하다.). 문법 공부하면서 예문을 외우는 것도 추천한다.

《진짜 잘 이해되는 중학 영문법》은 최근에 나온 책이라 세련된 느낌을 팍팍 준다. 이 책의 장점은 2권으로 이루어져 있어서 《그래머 존》처럼 어떤 것부터 시작해야 하나 고민할 필요가 없다는 것이고, 설명이 자세한 편이며 마인드맵을 비롯한 디자인적 요소가 좀 더 보기 좋다는 점 등이 있다. 좋은책신사고 책들도 잘 나와서 믿고 보는 편이니 둘 중에 자신에게 더 맞는 책을 고르면 된다.

아이 키우는 분들은 바빠서 인터넷으로 책을 주문하는 분들이 대부분이겠지만 그래도 가능하면 서점에서 한 번 보고 사시라고 하고 싶다. 적어도 3번은 반복해서 볼 책인데 정확하게 자기 수준과 취향에 맞는 책을 고르는 게 좋으니까 말이다. 같은 책을 3번 공부하면 어느 정도 남에게 설명할 정도가 된다. 내가 남에게 설명할 수 있는 정도가 되어야 진짜 나의 지식이다. 그렇게 문법이 자리 잡히면 당연히 아이에게 영어 그림책을 읽어주는 도중에 설명이 필요할 때 훨씬 편하다.

아직도 문법 공부를 해야 하나 망설이는 분들이 있을지도 모른다. 장담하건대, 아이에게 영어 그림책을 읽어주다 보면 문법을 공부하고 싶어진다. 일단 영어 그림책부터 읽어보시라.

엄마표 영어를 하기 위해
꼭 알아야 할 기초 문법

누누이 말했지만 문법은 EFL 환경에서 영어를 배우는 우리에게는 굉장히 중요한 요소다. 문법 기초가 잘 다져져 있으면 읽기뿐만 아니라 말하기, 듣기, 쓰기를 배울 때 효율적이면서 효과적으로 배울 수 있다. '문법' 하면 다들 겁부터 먹는데, 나는 그 이유가 어려운 문법 용어 때문이라고 생각한다. 학생들을 가르칠 때 문법 용어를 풀어서 설명해주면 훨씬 쉽게 개념을 배우는 것을 많이 경험했다. 엄마들이 개념을 잘 이해하면 아이들에게 문법적인 요소를 설명해야 할 때 아이의 눈높이에 맞춰 설명할 수 있다. 여기서는 가능하면 쉽게 문법 용어를 설명하고 기초적인 것을 정리해보려고 한다.

영어 잘하는 아이들이라면 모두 아는 공식이 있다는 우스갯소리가 있다. 뭘까? 바로 5형식이다. 나 역시 강의 첫날엔 무조건 5형식을 설명한다. 5형식이 머릿속에 있으면 독해가 쉬워진다.

5형식을 설명하기 전에 하나 설명해야 하는 것이 품사와 성분이다. 품사와 문장 성분, 5형식을 제대로 알고 있으면 문법의 50%는 먹고 간다고 볼 수 있다. 달리 말하면 품사와 문장 성분, 5형식을 제대로 알면 영어가 어렵지 않게 느껴질 것이라는 뜻이다.

영어의 품사에는 무엇이 있는가

품사는 '같은 기능을 하는 단어들의 집합'이다. '품'자의 의미가 종류, 갈래라는 의미를 가지고 있다.품사는 단어의 종류라는 뜻이라고 생각하면 되겠다. 영어에는 8품사가 있는데 다음과 같다.

▶ 명사 : 사람, 사물의 이름.

　예) apple, girl, table, love

▶ 대명사 : 명사를 대신해주는 말.

　예) she, it, they, this

▶ 형용사 : 명사를 꾸며주는 말로 해석하면 '~는'에 해당한다. be 동사

뒤에 오면 '~하다'로 해석.

예) good, angry, pretty, happy

▶ 동사 : 행동이나 움직임을 표현하는 말. be동사와 일반동사/조동사 등
이 있다.

예) am, is, sleep, get

▶ 부사 : 동사, 형용사, 부사를 세부적으로 꾸며주는 말. '~하게'라고 해
석.

예) always, really, very, well

▶ 접속사 : 단어와 단어, 구와 구, 절과 절을 연결하는 말.

예) and, but, or, so

▶ 전치사 : 명사나 대명사 앞에서 간단히 방향, 소유, 시간, 장소를 나타
내는 말.

예) on, in, at, with

▶ 감탄사 : 놀람이나 느낌, 응답 등을 나타내는 말.

예) Oh!, Wow!, Cool!, Great!

문장 성분이란 무엇인가

문장 성분이란 '문장에서 맡게 되는 역할'을 의미한다. 주어, 동사, 보

어, 목적어로 나뉜다.

▸ 주어: '-은/는/이/가'에 해당하는 말로, 명사와 명사처럼 쓰이는 '대명
사/동명사/동명사/to부정사' 등이 해당한다. 약자로 S^{Subject}라고 표시
한다.

▸ 동사 : 주어의 행동이나 상태를 나타내는 말로 일반 동사와 be 동사가
있다. 약자로는 V^{Verb}라고 표시한다.

be 동사는 '이다'와 '있다'로 해석이 된다. 동사 뒤에 나오는 말이 -
을/를/에게'면 목적어로, 그게 아니면 보어라고 볼 수 있다. (목적어가
100% '-을/를/에게'로 해석되는 것은 아니지만.)

▸ 목적어 : '-을/를/에게'에 해당하는 말이다.

일반적으로 목적어는 약자로 O^{Object}라고 표시하는데 '-을/를'에 해당
하는 직접 목적어는 D.O$^{Direct Object}$로, '-에게'에 해당하는 간접목적어
는 I.O$^{Indirect Object}$로 표시한다.

▸ 보어 : 보충 설명하는 말이라는 뜻이다.

주격 보어는 주어를 보충 설명하는 말, 목적격 보어는 목적어를 보
충 설명하는 말로 주격 보어는 S.C$^{Subject Complement}$로, 목적격 보어는
O.C$^{Object Complement}$로 표시한다. 보어에 올 수 있는 것은 명사, 형용사,
부사이다.

여기서 꼭 기억해야 할 것이 있다. 바로 형용사는 명사를 꾸며준다

는 것과 부사는 형용사와 동사, 부사를 꾸며준다는 것이다. 이걸 기억하지 않으면 나중에 문법을 더 공부하게 될 때 형용사구나 형용사절, 형용사적 용법, 부사구와 부사절, 부사적 용법이라는 말이 나왔을 때 어렵게 느껴서 공부하게 되지 않을 가능성이 높기 때문이다.

두 개 이상의 단어가 모여 하나의 역할을 하는 구와 절

5형식으로 들어가기 전 하나 더 설명할 것이 있다. 구와 절이다. 두개 이상의 단어가 모여 하나의 역할을 할 때 구와 절이라고 하는데 둘의 차이는 주어와 동사가 있느냐 하는 것이다.

▶ 구 : 주어와 동사 없이 두 단어 이상이 모여서 명사, 형용사, 부사와 같은 역할을 하고 하나의 품사처럼 쓰이는 것으로 'The cup on the table'에서 'on the table'이 구에 해당한다.

1) 명사구: 문장 내에서 명사인 주어, 목적어, 보어의 역할을 하며 '부정사구'와 '동명사구'가 있다. 흔히 부정사구는 'To + 동사원형', 동명사구는 '동사+ing' 형태로 쓰인다.

예) (To become a doctor) is not easy.

('To become a doctor'가 명사처럼 주어로 쓰임.)

2) 형용사구: 문장 내에서 명사와 대명사를 꾸며주거나 보어의 역할을 한다.

예) The water (in the cup) is not clean.

('in the cup'이 명사인 The water를 형용사처럼 꾸며준다.)

3) 부사구: 문장에서 형용사, 문장 전체를 꾸며주는 부사 역할을 하며 주로 부정사, 분사(현재분사/과거분사), 전치사+명사 형태로 사용한다.

예) (Seeing me,) [she began to cry.]

('Seeing me'은 문장 전체를 꾸며주는 역할)

▶ 절 : 주어와 동사가 있고 문장 내에서 명사나 형용사, 부사와 같은 역할을 한다.

1) 명사절: 문장 내에서 주어, 목적어, 보어의 역할로 접속사(that, if, whether 등), 관계사(what, whoever 등), 의문사(who, what 등)와 같이 쓰인다.

예) I think [it is useful.]

('it is useful'이 명사처럼 쓰여 think의 목적어 역할을 함.)

2) 형용사절: 명사와 대명사를 꾸며준다.

예) 'She is the person [who I like.]

('who I like'가 명사인 the person을 형용사처럼 꾸며줌.)

3) 부사절: 시간, 장소, 이유, 목적, 결과, 조건 등을 나타내며 접속사

(because, when, that 등)과 함께 쓰인다.

예) [Since I was the oldest,] I had to look after others.

('Since I was the oldest'가 이유를 나타냄.)

영어 문장의 필수, 문장의 5형식

5형식은 다음과 같다.

▶ 1형식: 주어(S) + 동사(V)

예) They go to school every day.
    S   V

▶ 2형식: 주어(S) + 동사(V) + 주격보어(S.C)

예) She is pretty.
    S   V S.C

▶ 3형식: 주어(S) + 동사(V) + 목적어(O)

예) He loves dogs.

    S   V   O

▶ 4형식: 주어(S) + 동사(V) + 간접목적어(I.O) + 직접목적어(D.O)

예) She gave him a book.

    S   V   I.O   D.O

▶ 5형식: 주어(S) + 동사(V) + 목적어(O) + 목적보어(O.C)

예) We elected him a president.

    S   V   O   O.C

학생들을 가르쳐보면 보통 1~3형식은 잘 알고 있지만, 4형식, 5형식은 어려워하는 경우가 많다. 4형식과 5형식을 어려워하는 이유는 4형식의 직접목적어와 5형식의 주격보어를 잘 구별하지 못해서다. 둘을 구별하는 방법은 의외로 간단하다. 동사 다음에 나오는 목적어가 그 다음에 나오는 단어와 같으면 (의미가 통하면) 목적격보어이고 그렇지 않으면 직접목적어다.

예) She made me a doctor.

(me = doctor, doctor는 목적격 보어로 이 문장은 5형식이다.)

She made me a dress.

(me ≠ a dress, dress는 직접 목적어로 이 문장은 4형식이다.)

여기까지가 엄마들이 꼭 알아두어야 할 기초 문법이다. 이 내용들은 기초일 뿐 기본 문법이 아니다. 기본 문법은 중학교 수준이 기본 문법이다. 따라서 기본 문법을 공부하기로 마음 먹었다면 중학교 문법책을 사서 공부하는 것을 추천한다. 문법책으로 혼자 공부하는 게 부담스럽다면 유튜브에서 〈라이브 아카데미 토들러〉의 영상을 추천한다.

아이들이 알아두면 좋은 기초 문법 개념

영어 공부를 해보지 않은 아이들에게 영어 그림책을 읽어주기 시작할 때 아이들이 알아두면 좋은 기초 문법 개념들은 아래와 같다.

▶ There is / There are ~

'~이 있다'는 뜻으로 여기서 There는 주어 같지만 유도부사다.

예) There are ten eggs.

('ten eggs'가 주어이며 유도부사 There가 앞으로 나와서 주어와 부사가 도치되었다. 여기서 There는 '거기'로 해석하지 않는다.)

아이들에게는 뜻만 알려주고 주어가 단수(하나)일 때는 is, 복수(여러 개)일 때는 are가 쓰인다고 덧붙이는 것으로 충분하다.

▶ 현재진행형

be동사 + 동사 ing 형태로 현재 하고 있는 것을 나타낸다. 아이들에게는 '~하는 중이다'로 해석한다고 설명한다.

예) We are waiting the teacher. (우리는 선생님을 기다리는 중이다.)

▶ 단순현재 3인칭 단수

'he/she/it 등을 3인칭 단수라 하는데, 이들이 주어로 오면 동사 뒤에 s나 es가 붙는다' 라고 동사에 변화가 온다는 것을 아이들에게 알려주는 게 필요하다.

예) She loves flowers. (3인칭 단수 She 때문에 love에 s가 붙었다.)

▶ 의문문 : 의문사 있는 의문문과 의문사 없는 의문문

의문사가 없는 의문문은 do나 does로 시작하고 대답은 Yes나 No로 하는 의문문이다. 아이들에게는 do와 does의 차이 정도만 설명한다. 의문사 what/ when/ where/ who/ how 등의 뜻은 간단히 알려준다.

▶ 부정문

do/does/did와 be동사 뒤에 not이 온다는 것을 알려준다. 그리고 축약형이 나왔을 때 풀어서 설명해주는 것도 필요하다.

We don't go there. = We do not go there.

▶ **과거시제 : 규칙동사와 불규칙동사**

동사는 보통 끝에 -d나 -ed가 붙는데 (규칙 동사) 그렇지 않은 동사도 있다고 알려준다.

불규칙 동사가 나왔을 때는 익숙하지 않은 동사라면 동사 원형을 말해주는 것도 좋다.

▶ **현재완료시제 : have + p.p**

'have+p.p' 형태로 쓰이는 현재완료를 보면 아이들은 have를 일반 동사로 생각할 가능성이 있다. '~해오고 있다'(계속), '~한 적이 있다'(경험), '~해서 지금 …인 상태다'(결과), '지금 막~해버렸다'(완료)의 의미를 잘 파악해서 문장에 맞게 아이들에게 설명해주는 것이 필요하다. 4가지를 동시에 설명하는 것은 아이들에게 부담스러우니 문장이 나왔을 때 하나씩 설명하는 게 낫다.

예) I have lived in New York for 5 years. (계속: '~해오고 있다')

I have been to Spain. (경험: ~한 적이 있다')

My brother has lost his watch. (결과: '~해서 지금 …인 상태다')

I have just finished lunch. (완료: '지금 막~해버렸다')

▶ **미래시제 : will / be going to**

아이들은 보통 will을 쓰는 문장은 미래라는 걸 쉽게 알지만 'be going

to 동사원형'의 형태로 오면 미래시제인지 모르는 경우가 많다. 책을 읽다가 'be going to 동사원형'이 쓰인 문장이 나오면 그때 will과 비슷한 의미라고 설명한다. (will과 be going to는 엄연히 다르다. 간단하게 설명하면 will은 계획하지 않은, 즉흥적인 미래/불분명한 미래에 대해 쓰이고, be going to는 계획한 미래를 설명할 때 쓴다. 책을 읽어주는 초기 단계에서 이 차이를 아이들에게 굳이 자세히 설명할 필요는 없다. 나중에 문법을 본격적으로 공부하면 배우게 되니 말이다.)

예) I will bake some cookies for him.

(계획엔 없었으나 사정을 듣고 그를 위해 쿠키를 굽겠다고 즉흥적으로 결정한 것)

I am going to see a movie tonight with J.

(며칠 전부터 영화보러 가기로 약속해서 오늘 영화관 간다는 뜻)

▶ **사역동사 : let / make / have**

목적어에게 어떤 행위를 시키거나 하게 만드는 의미를 가진 사역동사의 개념을 설명해주는 게 필요하다. make를 '만들다'로, have를 '가지다'라고만 알면 곤란하다. 해당 문장이 나왔을 때 '시키다, ~하게 하다'의 의미도 가지고 있다고 설명해주는 것이 필요하다.

예) He never let me go. (let은 '허락'의 의미)

I had my hair cut. (had는 '부탁/요구'의 의미)

She made the boy leave. (made는 '강제'의 의미)

▶ **일반동사 have, take, get 의 여러 가지 뜻**

이 세 동사는 많은 다양한 용도로 사용된다. 뜻이 그만큼 다양하다는 뜻이다. come, go, give, make, do 등 중요한 단어들이 많지만 최소한 위의 세 동사의 다양한 의미를 알아두는 것이 필요하다. 엄마들이 먼저 다양한 뜻과 표현을 기억해두었다가 문장에서 만났을 때 설명해주는 것이 좋다.

영어로 된 문장을 읽을 때 가장 중요한 것은 주어, 동사를 찾는 것이다. 구나 절을 포함한 문장일수록 문장이 복잡해져서 주어와 동사를 찾는 것이 어렵다. 문장 안에서 주어를 꾸며주는 말이 어디까지인지, 어떤 단어가 동사인지 알아내는 것이 영어 공부의 핵심이라고 해도 과언이 아니라고 생각한다.

실제로 내가 초중고 학생들을 가르칠 때 가장 주안점을 두고 시켰던 것이 주어와 동사를 찾는 것, 그래서 어떤 문장을 보더라도 자연스럽게 문장 구조가 보이도록 하는 것이었다. 이것은 많은 연습이 필요하다. 그러나 이런 연습은 초등학교 고학년 이후에나 시켜야 한다. 4학년까지는 영어책을 읽는 게 즐거운 경험이 되게 하는 게 가장 중요하다.

아이에게 영어책을 읽어주기 시작한 지 9개월 정도 지났을 때부터 가능하면 매일 영어 사전을 2장씩 함께 읽고 있다. 책만 읽다 보면 단어 뜻을 대충 알기 쉬워서 사전 읽기를 통해 단어 뜻을 명확하게 알게 하려고 읽기 시작했다. 영어 사전을 읽다 보니 사전에 표기된 것들을 아이가 질문해서 자연스럽게 문법에 필요한 품사나 동사 등을 살짝 알려주게 되었다.

제일 처음 알려준 것은 명사와 형용사였다. '명사는 사물의 이름이다, 형용사는 상태를 설명해주는 말이다' 정도로 알려줬다. 3학년이었던 아이는 명사와 형용사를 쉽게 이해하고 기억했다. 그래서 가끔 영어 그림책을 읽다가 어떤 단어를 가리키며 '이건 형용사지?'하고 묻는다. 동사를 가르칠 때도 '움직임을 나타내는 것은 동사'라고 설명해주었다. 할 수 있다면 이 시기에는 이렇게 영어책을 읽으면서 슬쩍슬쩍 문법을 끼워주는 게 좋다. 따로 문법책을 공부하는 방식은 5, 6학년에 적합하다. 추천하는 사전은 DK의 《My first dictionary》이다. 사진과 함께 예문, 한글 뜻, 품사, 불규칙 동사의 과거, 복수형 등이 표시되어 있다. 영영사전을 찾는다면 Houghton Mifflin Harcourt사의 《Curious George's Dictionary》나 《The Cat in the Hat Beginner Book Dictionary》의 사전을 추천한다.

초등 기초 문법책으로 추천하는 교재는 앞서 추천한 《EBS 기초 영문법 1,2》와 《초등영문법 777》이라는 교재다. 《초등영문법 777》은 7권으로 되어 있는데 하루 분량이 부담스럽지 않고 아이들 눈높이에 맞는 그림이 곳곳에 있어 친근함을 느끼게 한다. 실제로 나는 아이와 이 교재를 누워서 게임하듯이 본다. 책을 주고 '풀어라~' 하면 분명 싫다고 할 것을 알기에 자기 전에 같이 누워서 보는데 손으로 쓰지 않고 말로 풀게 한다. 손으로 쓰는 건 5~6학년에 해도 된다. 지금은 공부한다는 느낌을 받지 않고 재미있게 영어와 노는 것이 중요하기 때문이다. 아이는 하루에 unit 하나만 끝내는 게 아쉬운지 더 하자고 조른다. 아이가 조르면 못 이기는 척 unit 하나를 더 한다. 아이의 문법은 이렇게 아이도 모르는 새 차곡차곡 쌓인다. 이렇게 쌓인 문법은 나중에 중학생이 되어 내신을 준비해야 할 때 빛을 발할 것이다.

엄마의 영어 공부, 고급편 :
챕터북 읽기

우리나라 같은 EFL 환경에서 영어 노출을 가장 효과적이면서 효율적으로 할 수 있는 방법은 읽기다. 엄마의 영어 공부의 최종 목적지가 원서 읽기인 것은 어쩌면 당연한 귀결일 것이다. 한 권의 원서를 꾸준히 읽으면 반복되는 문장 구조와 어휘를 접할 수 있어서 굳이 외우려 하지 않아도 자연스럽게 알 수 있는 것들이 생긴다. 하루에 원서를 2쪽씩만 꾸준히 읽는다면 당장은 눈에 띄지 않더라도 한 권 한 권 끝내는 책이 쌓이는 순간 영어 실력과 함께 자신감이 쌓인다. 그리고 영화나 미드를 볼 때 책을 통해 익혔던 표현들이 나오는 경험을 통해 아는 어휘나 표현이 늘어나 있음을 느낄 것이다.

어떤 책을 읽으면 좋을까?

읽는 사람의 수준에 따라 달라지겠지만, 아이를 키우고 영어책 읽기를 통해 아이에게 영어를 가르치겠다고 마음먹은 엄마들에게는 챕터북을 추천한다. 챕터북이란 여러 개의 장^{Chapter}으로 이루어진 책으로, 적게는 4권에서 많게는 수십 권에 이르는 시리즈들을 말한다. 챕터북은 리더스북을 어느 정도 끝내서 아이가 혼자서 책을 읽어나갈 때 시작하는 책이기 때문에 보통 수준이 AR 3점대 이상이다. 미국 초등학교 3학년 수준의 책이라고 해서 만만하게 볼 수는 없다. AR 2점대의 책과 3점대의 책은 수준이 굉장히 차이가 난다. 문장과 문단이 확연히 길어지고 구성과 주제도 복잡해지기 때문이다.

글씨만 잔뜩 있는 책이 부담스럽다면 얼리 챕터북^{Early Chapter book}(초기 챕터북 또는 챕터북 입문으로도 불린다)에서 고를 수도 있다. 얼리 챕터북은 본격적으로 글로만 이어가는 책이 부담스러운 아이들을 위해 그림이 많고 글밥이 좀 적지만 챕터북의 형식을 유지하고 있는 책이다. 그러나 AR 수준면에서는 오히려 쉬운 챕터북보다 높은 것들이 적지 않으므로 책을 고를 때 AR을 확인하는 게 좋다. (얼리 챕터북은 그림이 많고 말 풍선 같은 만화적인 요소가 많아 산만한 느낌을 받을 수도 있어서 나는 쉬운 챕터북을 좀 더 권하는 편이다. 참고로 〈Scholastic Branches〉 시리즈 중에 인기 있는 얼리 챕터북이 많다.) 얼리 챕터북 중 쉬운 것을 추천하면 다음과 같다. (AR 지수가 낮은 책이 있는 시리즈 순으로 작성했다.)

시리즈명	AR 지수	장르
Boris	2.0~2.4	일상
Bink and Gollie	2.2~2.7	일상
Missy's Super Duper Royal Deluxe	2.2~3.0	일상
Bad Guys	2.4~2.5	유머/재미
Press Start	2.5-2.9	판타지/모험
Judy Moody and Friends	2.5~3.1	일상
MERCY Watson	2.6~3.2	동물
Princess pink and the Land of Fake-Believe	2.8~3.1	유머/재미
Owl Diaries	2.8~3.1	일상
Kung Pow Chicken	2.9~3.2	유머/재미

표 | 얼리 챕터북 리스트

엄마들에게 챕터북을 추천하는 이유는 나중에 아이가 챕터북을 읽을 때가 되었을 때 아이에게 추천해줄 수도 있고 책 이야기를 나누면서 공감대를 높일 수 있기 때문이다. 내가 재미있게 읽은 책을 아이에게 읽어보라고 하는 것과 추천 목록에서 본 책을 아이에게 들이미는 것은 굉장히 다르다. 아이가 손을 내미는 쪽은 당연히 "엄마가 읽어봤는데 진짜 재미있다"고 추천해주는 책이다.

처음 원서 읽기에 적합한 챕터북

처음 원서 읽기를 시작하는 분들에게 추천하고 싶은 챕터북은 단연 〈Nate the Great〉 시리즈다. AR 2.0~3.2 수준으로 구성된 시리즈물인데 가장 첫 책인 《Nate the Great》은 AR 2.0으로 문장이 길지 않고 단어도 쉽다. 문장의 거의 대부분이 1~3형식의 단문 위주여서 읽는데 별 부담이 없다는 게 가장 큰 장점이라고 생각한다. 그리고 보통 이 수준의 챕터북들이 아이들 수준에 맞추다 보니 이야기가 유치할 수 있는데 〈Nate the Great〉 시리즈는 어른이 봐도 결말이 궁금하고 유치하지 않은 이야기라는 게 추천하는 또 다른 이유다.

〈Nate the Great〉과 함께 추천하는 또 다른 챕터북은 〈Magic Tree House〉 시리즈다. 이 시리즈는 2점대 중반에서 시작하는데 다른 책들보다 문장이 평이한 편에 속하고 매 책마다 다른 주제를 다루고 있어서 지루하지 않다.

두 시리즈 모두 유명한 책들이라 중고 서점에서 쉽게 구할 수 있는 장점도 있다. 뉴베리상 수상 작가인 Louis Sachar가 쓴 〈Marvin Redpost〉도 다른 챕터북에 비해 어른들이 읽기에 괜찮은 시리즈다. 문학적으로 뛰어나서 뉴베리상을 수상한 〈Sarah, Plain and Tall〉 역시 어른이 읽기에 손색 없는 작품이다. 이 외에도 많은 챕터북들이 있는데 인기가 많고 비교적 쉬운 AR 2~3점대 책을 추천하면 다음과 같다.

시리즈명	AR 지수	장르
Nate the Great	2.0~3.2	추리
Mr. Putter and Tabby	2.1~3.5	일상
Princess Posey	2.4~3.0	일상
Black Lagoon	2.4~3.8	유머/재미
Magic Bone	2.5~3.0	동물
Junie. B Jones	2.6~3.1	일상
Magic Tree House	2.6~3.5	판타지/모험
Roscoe Riley Rules	2.7~3.2	일상
Marvin Redpost	2.7~3.6	일상
The Zack Files	2.7~3.7	판타지/모험
Horrible Harry	2.8~3.6	일상
Jigsaw Jones	2.8~3.5	추리
Sarah, Plain and Tall	2.9~3.4	시대물
Ricky Ricotta's Mighty Robot	2.9~4.1	유머/재미
The Secrets of Droon	2.9~4.3	유머/재미
Ready, Freddy	3.0~3.4	일상
Ivy+Bean	3.1~3.9	일상
Geronimo Stilton	3.1~4.0	판타지/모험
My Weird School	3.1~4.3	일상
Amber Brown	3.4~4.1	일상

표 | 챕터북 리스트

챕터북을 읽을 때 기억할 것

챕터북을 읽을 때 한 시리즈를 처음부터 순서대로 읽어나가는 것이 좋다. 하나의 시리즈를 읽다 보면 반복해서 나오는 표현과 어휘들을 자연스럽게 습득할 수 있기 때문이다. 그러나 챕터북은 시리즈 뒤쪽으로 갈수록 수준이 어려워지는 경향이 있다. 따라서 한 시리즈를 쭉 읽다가 어렵다는 생각이 들면 시작이 비슷한 수준의 다른 시리즈로 옮겨서 읽는 것을 추천한다. 일종의 수평 읽기를 하는 것인데 그렇게 수평 읽기를 하다 보면 수준이 올라가는 시점에 이르고, 그때 다 끝내지 못한 시리즈로 돌아가 마저 읽으면 된다.

원서를 읽다가 모르는 단어가 나왔을 때는 바로 찾기보다는 단어 뜻을 추측하며 읽기를 계속하는 것을 추천한다. 단어를 찾으면 흐름이 끊어져서 재미가 없어지기 쉽다. 모르는 단어가 읽는 데 크게 문제가 되지 않는다면 그냥 계속 읽는다. 읽다 보면 계속 반복되어 눈에 익숙해지고 뜻도 대충 알게 되는데 그때 사전을 찾아서 뜻을 확인하면 그 단어는 확실히 기억하게 된다. 욕심을 내어 단어 공부도 하겠다고 마음먹으면, 단어장용 노트를 준비해서 모르는 단어와 한글 뜻을 찾아 적은 다음 예문으로 책에서 단어가 쓰인 문장을 적는다. 나중에 단어를 봤을 때, 읽었던 문장을 보면 맥락과 함께 뜻이 더 잘 기억에 남는다.

챕터북은 얇고 짧으면 한 챕터당 2~3쪽이기 때문에 가지고 다니면서 읽기에 좋다. 따로 시간을 내기 어렵다면 늘 휴대하면서 자투리 시간을 이용하여 읽는 방법을 추천한다. 나는 대중교통을 이용하여 이동하는 시간이 많아서 이동할 때 원서를 읽는 것을 규칙으로 했더니 순식간에 책을 한 권 다 읽을 수 있었다(웃긴 이야기지만, 원서를 읽으면 괜히 있어 보이는 느낌에 더 열심히 읽게 되는 것도 한 권을 순식간에 읽을 수 있었던 이유인 것 같다). 체크 리스트를 만들어서 표시하는 것도 원서 읽기를 습관화하는 좋은 방법이다.

원서를 읽는 엄마를 보면 아이들도 자연스럽게 영어책에 손이 갈 것이다. 엄마는 아이들의 좋은 롤 모델이니 말이다. 많은 엄마들이 원서 읽기를 통해 영어 실력도 키우고 아이들과 공감대도 가지고 잔소리 없이 자연스럽게 아이들에게 영어책을 읽히는 1석 3조를 경험하기를 바란다.

더 많은 기회를 만들어주고 싶은
엄마의 마음

영어 그림책을 읽기 시작한 지 이제 1년 반이 된 내 아이는 학교 수업이 끝나면 굳이 시키지 않아도 AR 3점대 중반의 리틀팍스 애니메이션을 알아서 보고, 밤에 영어 사전을 2장 읽으며 원하면 문법책을 1장 보고 잔다. AR 2-3점 대의 책을 음원을 들으며 읽기도 하고 재미있는 책은 나에게 소리내어 읽어주기도 한다. 주말엔 팝콘을 먹으면서 영어 애니메이션을 한글 자막 없이 본다. (처음 보는 영화는 한글 자막으로 먼저 보고 이후에 다시 볼 때는 영어 자막으로 시청한다.) 영어로 말해보라고 시키지 않지만 혼자 이런 저런 문장을 만들어서 말로 해보기도 한다. (물론, 그 수준이란 우스울 수 있다. I want to do something이라든가 I need something 정도다. 가끔씩 영어로 리틀팍스에서 들었던 문장

- "Everything is under control.", "Rise and shine!" 같은 고급진(!) 문장을 말하기도 한다.)

1년 반 전엔 상상할 수 없었던 아이의 모습이다. 다행히도 이 1년 반의 여정에서 아이와 실랑이 한 기억은 많지 않다. 영어는 빗물이 땅에 스며들 듯 자연스럽게 아이의 생활 속에 스며들었다.

물론 1년 반밖에 안 되었고 말하기 연습은 전혀 시키고 있지 않아서 (쑥스러움을 타기까지 해서) 발음도 원어민 같지 않다. 단어는, 암기는커녕 쓰기 같은 것도 전혀 시키지 않다 보니 책을 읽다 보면 아직도 이 단어를 모르나 싶을 때도 가끔 있다. 문법도 정식으로 가르치지 않아서 의문문이나 부정문을 만들 땐 실수투성이다. 그러나 아이는 적어도 영어에 거부감이 없고, 영어를 잘 한다는 자신감이 있다. 문장을 읽을 때 어디서 끊어 읽는지, 자연스러운 억양이 어떤 것인지 알고 유성음과 무성음의 발음을 구별해서 발음할 줄 안다. 별도의 파닉스 교육 없이도 파닉스 원리를 파악했다. 가끔씩 나보다 영어 감각이 좋다는 것을 소소한 일들로 느껴서 내심 놀랄 때가 있다.

SNS나 유튜브를 보면 우리 아이보다 훨씬 어린 친구가 영어로 원어민 같이 유창하게 말하며 무언가를 하는 영상이 많다. 주로 어릴 때부터 영어로 말을 걸어주고 노출시켰다는 아이들이다. 그런 아이들의 영상을 보면 나도 어릴 때부터 영어로 말을 걸었어야 했나, 지금 내가 잘 하고 있는건가, 우리 아이는 턱없이 부족한 거 아닌가 싶은 생각이 든다. 그러나 사실은, 그런 아이들은 아주 소수이며 부모가 아이 영어에 엄청나게 많은 시간과 에너지를 투입했거나, 어릴 때 몇 년간 외국에서 살다가 한국에 온 아이들이라는 걸 상기하는 순간 우리 아이는 충분히 잘하고 있다고, 이대로도 괜찮다고 마음을 내려놓는다.

EFL 환경인 한국에서 태어난 우리는 영어권 국가의 원어민이 될 수도 없고, 원어민이 될 필요도 없다. 이미 원어민이 아닌 수십 억의 사람들이 자신의 방식으로 영어를 구사하고 그것이 통용되고 있다. 그리고 영어는 평생 쓰는 언어다. 이 인식을 가진다면 내 아이의 발음이 당장 원어민 같지 않다고 해도, 원어민 수준으로 말하고 듣지 않는다고 해도 괜찮다고 안심할 수 있다. 꾸준히 영어와 친구가 될 수만 있다면, 아이에게 명확한 동기가 생겼을 때 집중해서 영어에 승부하여 충분히 우리가 바라는 수준으로 소통하게 될 거라고 믿기 때문이다.

이 책이 기존 책들처럼 수년간의 결과물을 가지고 쓴 책이 아니라 책을 마무리 지을 때까지 생각이 많았다. 그럼에도 불구하고 용기를 내서 책을 내는 이유는, 아이의 영어 노출을 어떻게 시작해야 할지 막막해하는 사람들에게, 또는 엄마표 영어나 사교육 영어에서 실패했다가 다시 시작해보려는 사람들에게 조금이라도 연착륙하는 데 도움이 되고자 하는 마음에서다. 아이마다 상황이 다르기에 내 방법이 들어맞지 않을 수 있지만 조금이라도 불안감을 덜고 할 수 있는 만큼만 시도해본다면, 그래서 조금씩 아이가 영어랑 친해질 수 있다면 의미가 있지 않을까 하는 마음에서 여기까지 왔다. 브런치에 글을 쓸 때 나에게 조언을 구하고 시도해서 효과를 봤다는, 막연한 불안감이 없어졌다는 독자들의 후기가 없었다면, 책을 낼 용기를 얻지 못했을지도 모르겠다.

　이 책이 나오기까지 여러 이들의 도움이 있었다. 우선 정말 중요한 두 사람, 아이와 남편에게 고맙다. 나의 무모해 보이는 실험에 동참해준 아이가 없었다면 이 책은 나올 수 없었을 것이다. 옆에서 아이와 나의 모습을 지켜보며 응원해주고 함께 해준 남편도 마찬가지다. 좋은 영어 그림책을 만날 수 있게 그리고 그림책나루 작은도서관 설립으로 이어질 수 있게 재정적으로 도와준 친구 윤선이와 적절한 피드백을 주고 미국 도서관과 학교를 경험할 수 있도록 도와준 막내 동생 승애와 제부 그리고 힘들고 의욕이 없을 때마다 지지해준 동생 승미와 엄마에게 고맙다. 프로젝트를 할 수 있도록 함께해준 〈교육협동조합 온지곤지〉에게 큰 신세를 졌다. 마지막으로 브런치에 글을 연재했을 때 댓글로, 좋아요로 응원해준 수많은 독자들 그리고 부족했던 강의를 듣고 정말 고맙다고 인사해주셨던 분들께 감사 인사를 전하고 싶다.

참고 도서

아깝다, 영어 헛고생 (사교육걱정없는세상, 우리출판, 2011)

How Language are learned (Lightbrown & Spada, Oxford university press, 2013)

Second Language Acquisition (Rod Ellis, Oxford university press, 2010)

참고 논문

김형재(2011), 조기영어교육 경험에 따른 유아의 한국어 어휘력, 실행기능, 스트레스 및 문제행동의 차이

박영양 외(2004), 과외활동(학원, 학습지 등 모든 사교육 총칭) 정도에 따른 유아의 스트레스 정도 연구

백혜정 외(2005), 유아의 사교육 수, 시작시기, 소요시간과 사회정서적 문제행동과의 관계 연구

송정은 외(2010), 사교육 시간에 따른 외현화 문제와 내면화 문제의 성별 차이 연구

신의진(2002), 조기 교육과 발달 병리적 문제: 한국 조기 교육의 현황과 과제

우남희(2007), 유아의 영어교육 경험과 지능, 창의성과의 관계 연구

이윤진 외(2014), 유아기 영어교육의 적절성에 관한 연구

이정림 외(2015), 유아 사교육 실태와 개선 방안: 조기 외국어 교육 효과를 중심으로

조미영 외(2009), 교사의 조기영어교육 필요성 인식과 교사가 느끼는 문제점 분석

최지영 외(2012), 취학전 교육기관 유형에 따른 학교 초기 적응차이 연구

홍은자 외(2001), 유아의 학원·학습지 이용 실태에 따른 스트레스 정도 연구

홍현주(2011), Mental health and extracurricular education in Korean first graders: a school-based cross-sectional study.

Fred Genesee(1976), Affective, cognitive and social factors in second-language acquisition.

Fred Genesee(2015), Rethinking early childhood education for English language learners: The role of language

Gisela Jia(2002), Long-term language attainment of bilingual immigrants: Predictive variables and language group differences

James Flege(2006), Degree of foreign accent in English sentences produced by Korean children and adults

Kenji Hakuta(2003), Critical evidence: A test of the critical-period hypothesis for second-language acquisition

참고 기사

'크라우드 소싱의 아버지'가 만든 앱, 〈TTimes〉 http://www.ttimes.co.kr/view. html?no=2019010217467775232

외국어 나이들어 힘들다는 것은 '거짓말'?, 〈서울신문〉 http://seoul.co.kr/news/ newsView.php?id=20180502500142

자다 깨서 울고 대화 거부… "영어 유치원 싫어요", 〈한국일보〉 https://www. hankookilbo.com/News/Read/201701192017226611

영어유치원 10곳이 생기면 소아정신과 1곳이 생긴다?, 〈오마이뉴스〉 http://www. ohmynews.com/NWS_Web/view/at_pg.aspx?CNTN_CD=A0002285090

사교육 많이 한 아이, 창의력 더 떨어지더라, 〈조선일보〉 https://news.chosun.com/site/ data/html_dir/2017/03/18/2017031800149.html

먼저 배운 아이가 행복할까? 〈맘앤앙팡〉 2015년 10월

어릴 때 과도한 사교육, 뇌신경 불질러 태우는 셈, 〈조선일보〉 http://news.chosun.com/ site/data/html_dir/2017/03/18/2017031800151.html

부록

단계별 추천 영어 만화

리더스북 단계별 추천도서

쌍둥이책 리스트

챕터북 시리즈 추천도서

| 단계별 추천 영어 만화 |

단계	제목	내용
1	POCOYO	- 귀여운 아이와 동물 캐릭터들 - 아저씨의 내레이션이 이야기를 이끌어감 - 영국 영어
	Peppa Pig	- 귀여운 돼지 가족과 동물 친구들의 일상 - 대화가 짧고 내레이션이 반복적으로 상황을 정리해줌 - 영국 영어
2	Max & Ruby	- 토끼 남매의 일상 - 대화와 화면 전환이 거의 같은 속도로 이루어짐 - Peppa pig에 비해 문장이 약간 길고 복잡해짐 - 미국 문화에 대해 알 수 있음
	Toopy & Binoo	- 생쥐 Toopy와 친구 Binoo에게 일어나는 일 - Binoo는 말을 안 해서 대화가 적은 내레이션 만화 같은 효과
	Wibbly Pig	- 생기발랄한 돼지들의 이야기 - 돼지들 사이의 대화는 짧고 쉬운 편 - 내레이션과 소녀의 대화로 단순해지기 쉬운 이야기를 재미있게 이끌어감.

단계	제목	내용
2	Word World	- 알파벳 나라 친구들의 이야기 - 글자가 모여 단어가 되는 순간 사물이나 동물로 표현되어 파닉스 기초와 단어를 배울 수 있음 - 주로 대화로 이루어지지만 대화 속도가 빠르지 않은 편
	Alphablocks	- 알파벳 글자들이 주인공으로, 알파벳과 파닉스 기초를 배울 수 있음 - 대화 속도는 빠르지 않은 편
	My friend rabbit	- 토끼와 친구들의 일상을 그린 만화 - 내용이 교훈적 - 대화의 양이나 속도가 적당한 편
3	Charlie & Lola	- 조금은 특이한 동생과 동생을 잘 챙기는 남매의 일상 이야기 - 말하는 속도가 아주 빠른 편은 아니지만 문장이 단문보다 길고 대화의 양이 많은 편 - 영국 영어
	Milly, Molly	- 초등학생 Milly와 Molly 그리고 주변 사람들에게 일어나는 일상 이야기 - 대화가 많고 대화 속도도 빠름
	Authur	- 토끼 Authur와 친구 동물들이 학교를 중심으로 이어가는 이야기 - 대화가 많고 대화 전환 속도가 빠름

| 리더스북 단계별 추천도서 |

단계	리더스북	레벨	AR	대표시리즈
0	Sight Word Readers (Scholastic)			
	Oxford Reading Tree(ORT)	Stage +1 Stage 2~3	0.1~0.5	
	Ready to Read	pre	0.5~0.7	\<Puppy Mudge>
1	Oxford Reading Tree(ORT)	Stage 4	0.6~1.0	
	Step into Reading	Level 1 Level 1	0.8~1.0 1.0~2.5	\<Thomas & Friends> \<Disney Princess>
	Ready to Read	Level 1	1.0~1.5 0.6~1.4 1.2~2.2 1.4~2.2	\<Eloise> \<Dora> \<Robin Hill School> \<Olivia>
	I Can Read	My first	0.8~1.4 0.8~1.6 0.9~1.6 1.3~2.0	\<Biscuit> \<Mittens> \<Little Critter> \<Pete the Cat>
	\<Elephant and Piggie>		0.5~1.3	
2	Oxford Reading Tree(ORT)	Stage 5 Stage 6	0.9~1.7 2.0~	
	Step into Reading	Level 2	0.8~3.9	\<Barbie> \<Disney>
	Ready to Read	Level 2	2.1~2.9	\<Henry & Mudge>
	I Can Read	Level 1	1.5~2.6 1.8~2.6 1.8~2.8	\<Berenstain Bears> \<Splat the Cat> \<Fancy Nancy>
	\<Fly Guy>		1.3~2.7	

0단계

Sight Word Readers

Oxford Reading tree

Ready to Read
<Puppy Mudge>

1단계

Oxford Reading
Tree

Step into reading
<Thomas &
Friends>

Step into reading
<Disney Princess>

Ready to Read
<Eloise>

Ready to Read
<Dora>

Ready to Read
<Robin Hill School>

Ready to Read
<Olivia>

I Can Read
<Biscuit>

I Can Read
<Mittens>

I Can Read
<Little Critter>

I Can Read
<Pete the Cat>

Elephant and Piggie

2단계

Oxford Reading
Tree

Step into reading

Ready to Read
<Henry & Mudge>

I Can Read
<Berenstain Bears>

I Can Read
<Splat the Cat>

I Can Read
<Fancy Nancy>

Fly Guy

| 쌍둥이책 리스트 |

제목 1 hunter
(사냥꾼 하나)
작가 Pat Hutchins

제목 Alphabatics
(알파벳은 요술쟁이)
작가 Suse MacDon-
ald

제목 Bugs! Bugs!,
Bugs!
(또르르 팔랑팔랑 귀
여운 곤충들!)
작가 Bob Barner

제목 Color Surprises
(깜짝깜짝! 색깔들)
작가 Chuck Murphy

제목 Color zoo
(알록달록 동물원)
작가 Lois Ehlert

제목 David gets in
trouble
(말썽꾸러기 데이빗)
작가 David Shannon

제목 David smells!
(데이빗, 무슨 냄새
지?)
작가 David Shannon

제목 Dogs
(네가 좋아)
작가 Emily Gravett

제목 First the egg
(무엇이 먼저일까?)
작가 Laura Vaccro

제목 Fish eyes
(알록달록 물고기 모
두 몇 마리일까요?)
작가 Lois Ehlert

제목 Freight train
(화물열차)
작가 Donald Crews

제목 Good boy,
Fergus!
(안 돼, 퍼거스!)
작가 David Shannon

제목 Have you seen
my cat?(내 고양이
못 봤어요?)
작가 Eric Carle

제목 Have you seen
my duckling?
(아기 오리는 어디로
갔을까요?)
작가 Nancy Tafuri

제목 Here are my
hands
(손, 손, 내 손은)
작가 Ted Rand 外

제목 Hug(안아 줘)
작가 Jez Alborough

제목 Hurry! Hurry!
(서둘러요 서둘러요)
작가 Eve Bunting

제목 I spy animals
in art
(동물을 찾아라)
작가 Lucy Mick-
lethwait

제목 Kitten for a
day
(야옹, 고양이 놀이)
작가 Ezra Jack
Keats

제목 Monkey and
me(원숭이랑 나랑)
작가 Emily Gravett

제목 My world
(내 세상)
작가 Margaret Wise
Brown 外

제목 Not a Box(이건
상자가 아니야)
작가 Antoinette
Portis

제목 Not a Stick(이
건 막대가 아니야)
작가 Antoinette
Portis

제목 Rain(비)
작가 Donald Kalan
外

제목 Tall(난 크다)
작가 Jez Alborough

제목 Truck(트럭)
작가 Donald Crews

제목 Trucks,Trucks,
Trucks(일하는 자동
차 출동!)
작가 Peter Sis

제목 Yes(좋아!)
작가 Jez Alborough

제목 Yo! Yes?
(친구는 좋아!)
작가 Chris Raschka

제목 10 minutes till
bedtime
(잠자기 10분 전)
작가 Peggy Rath-
mann

제목 A Bit Lost
(엄마를 잠깐 잃어버
렸어요)
작가 Chris Haugh-
ton

제목 All the World
(온 세상을 노래해)
작가 Marla Frazee
外

제목 Bark, George
(짖어봐 조지야)
작가 Jules Feiffer

제목 Black out
(앗, 깜깜해)
작가 John Rocco

제목 David Goes to
School(유치원에 간
데이빗)
작가 David Shannon

제목 Dear Zoo(친구
를 보내 주세요!)
작가 Rod Campbell

제목 I want my hat
back(내 모자 어디
갔을까?)
작가 Jon Klassen

제목 It Looked Like
Spilt Milk(쏟아진 우
유 같아요)
작가 Charles G.
Shaw

제목 My Dad
(우리 아빠)
작가 Anthony
Browne

제목My Mom
(우리 엄마)
작가 Anthony
Browne

제목 No, David!
(안 돼, 데이비드!)
작가 David Shannon

제목 Not Now,
Bernard(지금은 안
돼, 버나드)
작가 David Mckee|

제목 Skeleton
Hiccups
(해골이 딸꾹 딸꾹)
작가 S. D. Schindler|

제목 Spring is here
(송아지의 봄)
작가 Taro Gomi

제목 The Crocodile and the Dentist (악어도 깜짝, 치과 의사도 깜짝!)
작가 Taro Gomi

제목 The Family Book(모든 가족은 특별해요)
작가 Todd Parr

제목 The Happy Day(코를 킁킁)
작가 Marc Simont

제목 Things I like (내가 좋아하는 것)
작가 Anthony Browne

제목 Today is Monday(오늘은 월요일)
작가 Eric Carle

제목 When Sophie Gets Angry- Really Really Angry… (소피가 화나면, 정말 정말 화나면)
작가 Molly Bang

제목 Where is the Green Sheep?(초록 양은 어디 갔을까?)
작가 Mem Fox 外

제목 Where's the fish? (금붕어가 달아나네)
작가 Taro Gomi

제목 Which would you rather be?(너는 뭐가 되고 싶어?)
작가 William Steig

제목 Who Says woof?(멍멍, 누구 소리일까요?)
작가 John Butler

제목 Whose baby am I?(나는 누구 아기일까요?)
작가 John Butler

제목 Willy and Hugh(윌리와 휴)
작가 Anthony Browne

제목 Willy the Champ(윌리와 악당 벌렁코)
작가 Anthony Browne

제목 Brown Bear, Brown Bear, What Do You See?(갈색 곰아, 갈색 곰아 무엇을 보고 있니?)
작가 Eric Carle

제목 Buz(버즈)
작가 Richard Egielski

제목 Change(달라질 거야)
작가 Anthony Browne

제목 Everyone Poops(누구나 눈다)
작가 Taro Gomi

제목 Five Little Monkeys Jumping on the Bed(꼬마 원숭이 다섯 마리가 침대에서 팔짝팔짝)
작가 Eileen Christelow

제목 Goodnight moon(잘 자요 달님)
작가 Margaret Wise Brown 外

제목 How do I love you(사랑해 모두모두 사랑해)
작가 Marion Dane Bauer

제목 How Do You Feel?(기분을 말해 봐!)
작가 Anthony Browne

제목 I Can Be Anything(나는 무엇이든 될 수 있어)
작가 Jerry Spinelli

제목 I like me!(난 내가 좋아!)
작가 Nancy Carlson

제목 I Love You Through and Through(사랑해 사랑해 사랑해)
작가 Caroline Jayne Church

제목 I Want to Be an Astronaut(우주 비행사가 되고 싶어요)
작가 Byron Barton

제목 I wish I were a Dog(개가 되고 싶어)
작가 Lydia Monks

제목 Inside Mary Elizabeth's House(메리네 집에 사는 괴물)
작가 Pamela Allen

제목 Inside Mouse, Outside Mouse(안에서 안녕 밖에서 안녕)
작가 Lindsay Barrett George

제목 Just Like My Dad(아빠처럼 될 거야)
작가 David Melling

제목 Just Like My Mum(엄마처럼 될 거야)
작가 David Melling

제목 Mr. Gumpy's Outing (검피 아저씨의 뱃놀이)
작가 John Burningham

제목 Penguin (친구가 되어줘)
작가 Polly Dunbar

제목 Pete the Cat: I Love My White Shoes(고양이 피터: 난 좋아 내 하얀 운동화)
작가 Eric Litwin

제목 Piglet and Mama(엄마 엄마 우리 엄마)
작가 Margaret Wild

제목 Through the magic mirror(거울 속으로)
작가 Anthony Browne

제목 Sam and Dave dig a hole(샘과 데이브가 땅을 팠어요)
작가 Jon Klassen 外

제목 Silly Suzy Goose(똑같은 건 싫어!)
작가 Petr Horacek

제목 The Great Big Enormous Turnip(커다란 순무)
작가 Alexei Tolstoy

제목 The House in the Night(한밤에 우리집은)
작가 Susan Marie Swanson

제목 The little Mouse, the red ripe strawberry, the big hungry Bear(생쥐와 딸기와 배고픈 곰)
작가 Audrey Wood 外

제목 This is not my hat (이건 내 모자가 아니야)
작가 Jon Klassen

제목 Waiting(조금만 기다려 봐)
작가 Kevin Henkes

제목 We're going on a Bear Hunt(곰 사냥을 떠나자)
작가 Helen Oxenbury

제목 Willy the Dreamer(꿈꾸는 윌리)
작가 Anthony Browne

제목 Don't fidget a feather(털 끝 하나도 까딱하면 안 되기)
작가 Erica Silverman 外

제목 Emma's lamb(엠마와 아기양)
작가 Kim Lewis

제목 Five Little Monkeys Bake a Birthday Cake(쉿! 엄마 깨우지 마!)
작가 Eileen Christelow Browne

제목 Gorilla(고릴라)
작가 Anthony Browne

제목 I lost my bear(곰 인형을 잃어버렸어요)
작가 Jules Feiffer

제목 If You Give a Pig a Pancake(아기 돼지에게 팬케이크를 주지 마세요)
작가 Laura Joffe Numeroff

제목 In the Small, Small Pond(조그맣고 조그만 연못에서)
작가 Denise Fleming

제목 Interrupting Chicken(아빠, 더 읽어 주세요)
작가 David Ezra Stein

제목 Into the Forest(숲 속으로)
작가 Anthony Browne

제목 Knuffle Bunny Too(내 토끼 어딨어?)
작가 Mo Willems

제목 Little Blue and Little Yellow(파랑이와 노랑이)
작가 Leo Lionni

제목 Mouse paint(퐁당퐁당 물감놀이)
작가 Ellen Stoll Walsh

제목 My Friend Bear(에디와 곰이 친구가 되었어요)
작가 Jez Alborough

제목 My friends(모두가 가르쳐 주었어요)
작가 Taro Gomi

제목 PaPa, Please Get the Moon for Me(아빠, 달님을 따 주세요)
작가 Eric Carle

제목 Pete the Cat: Rocking in My School Shoes(고양이 피터:운동화를 신고 흔들어 봐)
작가 Eric Litwin

제목 Pete's a Pizza(아빠랑 함께 피자 놀이를)
작가 William Steig

제목 Piggies(꼬마 돼지)
작가 Audrey Wood

제목 PiggyBook(돼지책)
작가 Anthony Browne

제목 Polar Bear, Polar Bear, What Do You Hear?(북극곰아, 북금곰아, 무슨 소리가 들리니?)
작가 Eric Carle

제목 Silly Billy(겁쟁이 빌리)
작가 Anthony Browne

제목 The Snowy Day(눈 오는 날)
작가 Ezra Jack Keats

제목 When I was five(내가 다섯 살 때는)
작가 Arthur Howard

제목 Where's My Teddy(내 곰 인형 어디 있어?)
작가 Jez Alborough

제목 Willy the Wimp(겁쟁이 윌리)
작가 Anthony Browne

| 챕터북 시리즈 추천도서 |

제목 Boris
AR 2.0~2.4
장르 일상

제목 Bink and Gollie
AR 2.2~2.7
장르 일상

제목 Missy's Super
Duper Royal De-
luxe
AR 2.2~3.0
장르 일상

제목 Bad Guys
AR 2.4~2.5
장르 유머/재미

제목 Press Start
AR 2.5-2.9
장르 판타지/모험

제목 Judy Moody
and Friends
AR 2.5~3.1
장르 일상

제목 MERCY Wat-
son
AR 2.6~3.2
장르 동물

제목 Princess pink
and the Land of
Fake-Believe
AR 2.8~3.1
장르 유머/재미

제목 Owl Diaries
AR 2.8~3.1
장르 일상

제목 Kung Pow
Chicken
AR 2.9~3.2
장르 유머/재미

제목 Nate the Great
AR 2.0~3.2
장르 추리

제목 Mr. Putter and
Tabby
AR 2.1~3.5
장르 일상

제목 Princess Posey
AR 2.4~3.0
장르 일상

제목 Black Lagoon
AR 2.4~3.8
장르 유머/재미

제목 Magic Bone
AR 2.5~3.0
장르 동물

제목 Junie. B Jones
AR 2.6~3.1
장르 일상

제목 Magic Tree
House
AR 2.6~3.5
장르 판타지/모험

제목 Roscoe Riley
Rules
AR 2.7~3.2
장르 일상

제목 Marvin Red-
post
AR 2.7~3.6
장르 일상

제목 The Zack Files
AR 2.7~3.7
장르 판타지/모험

제목 Horrible Harry
AR 2.8~3.6
장르 일상

제목 Jigsaw Jones
AR 2.8~3.5
장르 추리

제목 Sarah, Plain
and Tall
AR 2.9~3.4
장르 시대물

제목 Ricky Ricotta's
Mighty Robot
AR 2.9~4.1
장르 유머/재미

제목 The Secrets of
Droon
AR 2.9~4.3
장르 유머/재미

제목 Ready, Freddy
AR 3.0~3.4
장르 일상

제목 Ivy+Bean
AR 3.1~3.9
장르 일상

제목 Geronimo
Stilton
AR 3.1~4.0
장르 판타지/모험

제목 My Weird
School
AR 3.1~4.3
장르 일상

제목 Amber Brown
AR 3.4~4.1
장르 일상